ヨベル新書
047

被災の日常から

記で綴るメッセージ

川上直哉［著］
東北ヘルプ事務局長

YOBEL,Inc.

装丁：ロゴスデザイン：長尾　優

まえがき

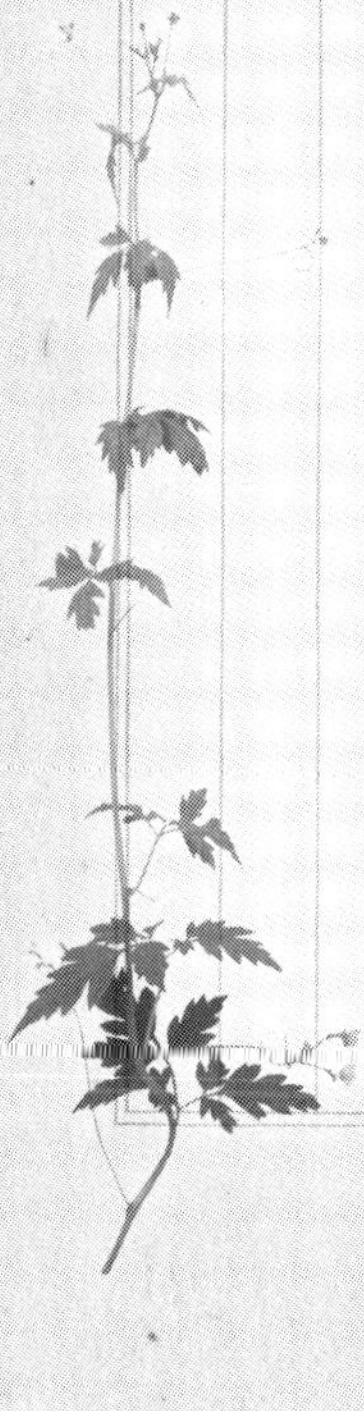

この本は、2016年末から行った一年間の講義と説教をまとめたものです。講義は、仙台YMCAで「キリスト教理解」というタイトルのもとで、また説教は、尚絅学院中学高等学校の朝のチャペルで、語りました。いずれも、「クリスチャンではない人」に伝わることを目指して行われたものでした。そしていずれも、私が以前から意識して取り組んできました「現場の神学」の実践となったものです。

「現場の神学」とは何でしょうか。

「神学」というのは、「啓示《けいじ》の解釈」のことを言います。では「啓示」とは、なんでしょうか、少し、説明を加えます。

「今ここ」という場所や時間の中で、私たちは記憶を持ち、何かを見たり聞いたりし、そして何かを予感しています。「今ここ」で私たちは、過去と現在と未来を見ている、と言っていいと思います。その私たちに、時々、まったく意外な出来事が訪れます。過去が書き換えられたり、見えているものが全く違って見えたり、予想しなかったような何かが起こったり……。それはつまり、「今ここ」以外の外側があるのかもしれない、ということを私たちに想像させます。その「外側」のことを、哲学では「超越」と言ったりしています。この「外側」とか「超越」が私たちに「啓《ひら》き示《しめ》される」ことを、宗教用語で「啓示」といいます。

東日本大震災という出来事の中で、私たちは「日常」以外の外側があることを痛感させられました。そして私は、神学という学問をしていたものですから、その外側について考えたり想像したりすることの意味を、毎日の出来事の中で考えるようになりました。

「出来事」というのは、本当に、ふいに訪れるものです。それはコントロールできません。出来事が起こる「現場」があるだけです。その「現場」には、「超越」が（ちょっとだけ）見えてくる（ような気がする）。それが「出来事」ということの意味だと思います。

東日本大震災の後、また日常が戻ってきました。でも、その日常の中で、「現場」に立ち、「神学」をする。日常の中で、それでも不意に訪れる「出来事」の意味を考える。私はクリスチャンですから、キリスト教の伝統の中で考える。それが、「現場の神学」ということになりそうです。

この本は、そういう「現場の神学」の成果を、クリスチャンではない人に伝わるようにまとめたものです。そうすることで、クリスチャンの人にも、もちろんきっと、伝わると思ってのことです。

＊　＊　＊　＊　＊

この本は、被災後の日常の中の出来事を土台としています。「被災後の日常」とは、どんなものになっているのでしょうか。

私たちは「復興論」を様々な方々と議論してきました。その中でよく語られるのは、災害から復興までを三段階に分ける見方でした。それはつまり、

第一段階＝窮迫（レスキュー）期：被災者が避難所にいる時期。医療にたとえて言えば、心肺蘇生や輸血をしている段階。物資配給や泥出し、あるいは教育支援

のボランティアといった支援活動が展開している。

第二段階＝復旧期：被災者が仮設住宅にいる時期。医療にたとえて言えば、入院をしている段階。仮設住宅の必要に答える柔軟な支援が展開している。

第三段階＝復興期：被災者が仮設住宅を出た時期。医療にたとえて言えば、自宅療養と体質改善に励む段階。息長く伴走する支援が展開している。

となります。この「第一期」から「第二期」までは、「終わるために励む」支援が展開します。そして「第三期」からは「続けるために励む」支援が展開します。今、この切り替えのところで、多くの支援者が足踏みをし、あるいは撤退をしています。専門家はそれを「踊り場」と呼びますが、現場にいる実感としては「壁」（乗り越え難い障壁）がそこにあるように思われてなりません。

被災者の多くが、この「第一期」から「第三期」へと、確かに進んでいます。けれども、少なくない被災者が、途中で足踏みし、あるいは後退を余儀なくされています。多くの被災者が復興へ進めば進むほど、取り残される人々は追い詰められていきます。

とりわけ、原発被災地の「取り残される人々」は、苦しんでいます。ほとんどの仮設住宅から、被災者が退去を余儀なくされました。もう問題はなくなったかのような雰囲気が満ちています。「福島県内でも開催されるオリンピックに向けて、みんなが一丸にならなければならないという空気に、強い圧迫感を感じます」と語るお母さんたちがいます。100名をはるかに超える「小児甲状腺がん」の患者とその親御《おやご》さんたちがいます。そうした人々が、「声にならない声」をあげている。それが「被災後の日常」となっています。

実際、被災地の各地には「復旧」の進捗著しいものがあります。そして、「復興」のために「補助金」や「国家予算」を取りに行く、という勇ましい動きが、各所に見られます。阪神淡路大震災以来、ずっと「復興」について考えてこられた似田貝香門さん（東京大学被災地支援ネットワーク代表幹事）は、その様子を指して「桃太郎主義」と言っておられました。それは明治以来の日本でずっと繰り返された「努力する姿」

です。

困ったら、ハチマキを占めて、「鬼ヶ島」へ乗り込み、頑張って「宝」を分捕ってくる。「鬼ヶ島」の統治はしない。その未来については責任を負わない。予算は取ってくればいい。そのあとのことは、またそのあとに考える……そのように子どもたちに教えるべきだと、第一次世界大戦のさなか、『桃太郎主義の教育』(熊谷小波著、東亜堂書房)という本が語っていました。そうやって太平洋戦争に打って出て敗戦し、巨大な堤防を建設したけれど津波に破壊され、あるいは原発を誘致して爆発事故に遭遇したのが、私たちの歴史です。その「旧来の姿」に復旧し、そして勢いよく復興を目指す動きがある。そうした「桃太郎主義」の復興に対して、私たち民間の支援者は、何の役割も持っていません。

確かに、以前からあった「桃太郎主義」へ、ということであれば、被災地は復旧しました。でも、あれだけの災害を経験したのです。「桃太郎主義」ではない「もう一つの復興」が、あり得るのではないか。そう志を得た人々もいます。

＊　＊　＊　＊　＊

この本をまとめるにあたって、いくつかの特徴付けを行いました。三つ、その特徴を記します。

まず、この本は「歳時記」の体裁で章立てを作りました。それは、実際の講義や説教がそうだったから、なのですが、今になってみると、そこには重要な意味がありそうです。つまり、「暦」の問題です。その意味は、「天皇の代替わり」を見据えて、はっきりしてきます。私たちは、「今日」という日を、例えば「年末」だとか「年初」だとか名前を付けて、色付け、認識し、行動しています。私たちは「暦」に従って生きています。この「暦」は、だれが決めるのでしょうか。「偉い人」が決めるのでしょう。では、だれが、私にとって「偉い人」なのでしょうか。多くの日本人にとっては、「天皇」が偉い人であるようです。だから、天皇が代替わりすると、暦も変わり、カレンダーも新しくなる。でも、私はどうでしょう。私は、クリスチャンです。クリスチャンは、イエス・キリストを「偉い人」と思っています。だから、もう一つ別の暦を持っています。「暦」は、一つとは限らない。「偉い人」は、一人とは、限らない。この当たり前のことが、とても大切なことに思われてきます。とりわけ「桃太郎主義の復興」が大きな音を立てるようにして展開する「被災後の日常」では、とても大切に思われてきます。

次に、聖書の取り扱い方です。原発事故によって傷ついた南相馬市に、聖書学者の太田道子さんが何度も足を運んでくださっています。太田さんは、聖書の豊かな読み方を、被災地で語ってくださる。その豊かな読み方の中に、不条理にも負けない力を、私たちは感じて励まされてきました。太田さんは、聖書を自由に読みなさい、と、私を励ましてくださいました。この本の聖書本文の扱いは、その励ましに支えられています。そう思ってみてみると、聖書翻訳の種類の多さに、驚かされます。(本書で用いた翻訳の一覧表を巻末に記しました)。その豊かなバリエーションを意識的に活用するような取り組みは、まだまだ十分ではないように思われます。だから、本書では、いろいろな翻訳を並べて読み比べ、そして聖書の言葉を選びました。その際、仙台白百合女子大学の図書館の皆様に大変お世話になりました。ここに感謝を記したいと思います。

最後に、この本は、これからも毎日続く「被災後の日常」に向き合い開かれている、ということです。だから、「あとがき」は書かないことにしました。その代りに、これから困難が予想される（願わくば、その予想が外れますように！）原子力災害を見据えて、対話を呼びかける文書を掲載しました。それから、講義でも説教でも、できるだけキリスト教以外の事柄に接続するように、お話を展開しました。『この世界の片隅に』『君の名は』『宇宙戦争』といった映画や『風の谷のナウシカ』『北斗の拳』といった漫画への言及は、その表れなのです。こういう営みを通して、キリスト教を開いた形で提示したい。それが、この本の特徴になればと願っています。

「あとがき」を書きませんので、謝辞をここに記したいと思います。この本を出版するために、多くの方々が、お力をお寄せくださいました。とりわけ、村井伸夫総主事をはじめ仙台ＹＭＣＡのみなさま、齊藤直美先生をはじめ尚絅学院中学高等学校のみなさま、そして出版社の安田正人さん、写真を提供くださった中澤竜生牧師をはじめ東北ヘルプにつながるみなさま、それから「新書で読みやすい本を」とずっと前から要望してくれた妻 恵に、感謝を記したいと思います。

２０１７年12月　アドヴェントの時に

川上直哉

被災後の日常から——歳時記で綴るメッセージ

もくじ

被災後の日常から——歳時記で綴るメッセージ

11月

【アドヴェント物語】

マリアへの「おめでとう!」

1．みんなのための、犠牲

「キリスト教理解」と題した小講義を始めます。この講義を始めるにあたって、一つのリクエストがありました。それは、「罪」あるいは「原罪」といわれるキリスト教の教えを、分かるようにしてほしい、ということでした。

「罪」という言葉ほど、誤解を招くキリスト教用語もありません。キリスト教が「わかりにくい」と言われるポイントは、実に「罪」にあります。このわかりにくさは、実は、翻訳の問題にあります。ここでは三つの言葉から説明してみます。

（1）「罪」という言葉

「罪」という語は、漢語です。それはもともと、「辠《つみ》」と記されていました。「罰として鼻を削がれた様子」を示す言葉です。この字が「皇」と似ている、ということで、秦の始皇帝が嫌いまして、「罪」という風に改めさせた、ということだそうです。さて、「罪＝辠＝罰として鼻をそがれた様子」と、聖書が語る事柄とは、全く関係がありません。ここに、厄介が残されました。

（2）「悪」という言葉

「罪」を理解するためには、「悪」を理解するとよいと思います。「悪」については、哲学者による議論が煮詰まっています。それは端的に「欠損」のことです。正義の欠損、食料の欠損、健康の欠損、昨日の欠損。それらが「悪」と呼ばれるものの正体です。

（3）ハマルティア（ἁμαρτία）という言葉

聖書で「罪」と訳された語は、もともとギリシア語の「ハマルティア」です。これは「的を外す」とか「もらいそこなう」という意味から生まれた言葉です。「慌てる乞食はもらいが少ない」と（不快語とされる語を含みますが）言い慣わされた雰囲気を想像ください。それが「ハマルティア（罪）」の意味です。それはつまり、「やりすぎ」あるいは「過剰」ということになります。それは、「欠損」という「悪」と、ちょうど対になる言葉なのです。

どうして、世の中に悪が消えないのでしょう。努力は続いています。でも、その努力が、かえって新しい悪を生み出しています。復興の格差も、戦争も、虐殺も、差別も、迫害も、弾圧も、いじめも、皆、そうです。

実は、旧約聖書は、そうした限界に挑戦しようとする物語を中心においています。それは「出エジプト」の物語です。そして、その物語が提示する答えは、「やっぱり難しい」というものです。「何かが間違っている」のは、わかる。でも、「何が間違っているか」わからない……その難しさに気付かせるところが、古典とされた旧約聖書の素晴らしいところです。

旧約聖書の中心に置かれた「出エジプト」の物語は、おおよそ、こんな感じです。――大帝国（物語では、エジプト）を維持し、圧倒的多数の人の平和を守るためには、少数の「奴隷」の犠牲が「しかたがない」とされる。そうした現実に英雄が敢然と抗《あらが》い、奴隷の解放を成しとげる。しかし、その際、帝国中の子どもたちが犠牲になってしまう。「出エジプト」はそういう物語です。それは「犠牲」を必要とする人間の限界を語る、深い悲劇の物語なのです。

「みんな」のためには、「どこかのだれか」に、犠牲になってもらうほかない。これは、人類の限界です。それは人類の現実です。

日本、とりわけ東北のキリシタンの歴史には、その悲劇が刻まれています。

1637年、相次ぐ圧政に耐えかねた人々がキリシタンを頼り結集、暗君・松倉重政《まつくらしげまさ》・勝家《かついえ》父子に抵抗し、幕府の討伐軍をも撃退しました。それは身分・地縁・

血縁を縦横無尽に乗り越え連帯する（揆を一にする）キリスト教の力を見せつけることになります。江戸幕府はこれを「一揆」と呼び「テロリズム」と同じだとしました。以来、キリシタンは現代でいうところの「テロリスト」とされ、「生かさず殺さず」の状態に置くことすら許されなくなります。当時、大津波によって被災した藩の再建を「揆を一にする」キリシタンの力を用いて進めていた仙台藩にも幕府からの厳命が下ります。そこで藩はとりあえず、支藩である一関藩大籠村のキリシタンを大量に虐殺し、その山向こう・伊達家の直轄領の狼河原《おいのかわら》村でキリシタンをかくまいます。その平和は実に１００年ほど続きますが、それは幕府への密告によって破られました。その時、１２０人のキリシタンが決死隊として選ばれ、その人々の惨殺によって他の人々は守られることになります。これは、「犠牲」によって成り立つ「平和」を示す実例だと思います。「罪」と翻訳されてしまっている「ハマルティア（やりすぎてしまうこと）」とは、そういうことを指しています。つまり、平和を守るために「やりすぎ」が起こる。どうしても、誰かが犠牲になる。それは、古今東西の人類に共通した大問題です。

F07 人工妊娠中絶実施率（15～49歳女子人口千対），年齢階級・年次別

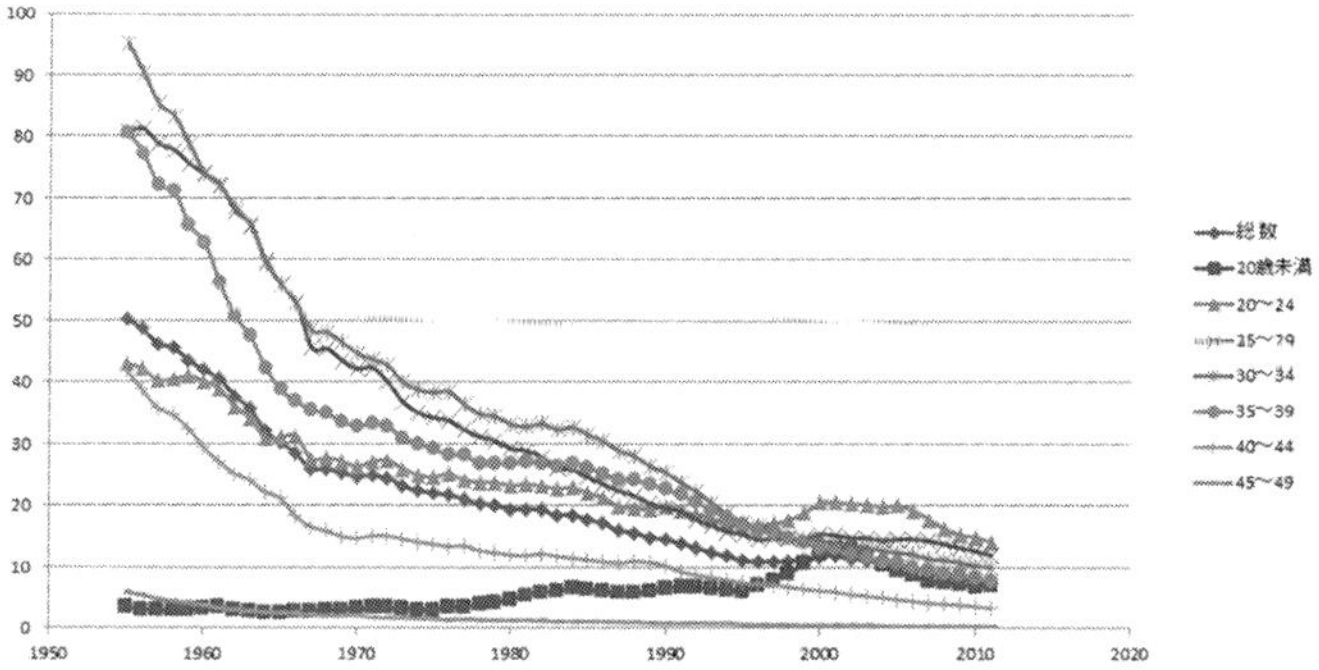

平成23年度衛生行政報告例統計表（http://www.e-stat.go.jp/SG1/estat/List.do?lid=000001102012）よりうさじま作成

http://d.hatena.ne.jp/usausa1975/comment/20130825/p1

現代日本でも、この「ハマルティア（やりすぎてしまうこと）」の問題は、はっきり見て取れます。例えば被災地でも、人口の集中している場所の復興を進めるために、過疎地域は置き去りになっていきます。みんなが不安になるから、と、つぶれそうな胸の内を吐露することも許されない被ばく地の「お母さん」たちがいます。「世間」への供儀（くぎ＝人身御供ともいう。祭祀における犠牲の一形式で、人間の命を神等に捧げること）として、誰かが矛盾のしわ寄せを一身に受ける。不条理はいつも、一番弱いところへと吹き溜まっていく。

一番弱く小さいところ、ということを考えると、妊娠中絶の対象となる胎児のことを思い出します。戦後の混乱期（米軍が日本中に基

地を展開していた時期）以降、人工妊娠中絶の数は激減し、その後も一貫して減少し続けています。それなのに、10代の女性への中絶率は、増加してきました。それは何を意味しているのでしょうか。平和な世間を守るために、あるいは「世間体」のために、胎児を犠牲にする私たちの姿が、そこに表れていると思います。

みんなのためには、どうしても犠牲を必要とする私たち。良いことをするために、どこかに犠牲を押し付ける私たち。「悪」を避けるために、「やりすぎ」てしまう私たち。その様子を指して「ハマルティア」といい、それを「罪」と訳してしまったのが、日本のキリスト教でした。そしてさらに、「人間とはそもそも、そういう存在で、その問題は、人間の力ではどうにもならない！」ということを言い表す言葉として「原罪」という言葉が使われるようになりまして、さらにその救いが語られる文脈で、「原罪からの救い主（キリスト）」と言われ、それを信じろ、と教えられている――こうして、話はどんどんややこしくなってしまいました。これが、日本のキリスト教が分かりにくいことになっている理由だと思います。

2．アドヴェント物語

さてどうしても犠牲を必要とする、という私たちの限界性は、洋の東西・時代の古今を問わずに確認される大問題です。この限界を突破する道が、新約聖書に示されていると、キリスト教はそう教えます。

例えば、教会の暦は「アドヴェント」から始まります。クリスマスを待つ4週間を「アドヴェント」といいます。その期間、こんな物語が教会で毎年語られます――

今から約2000年前、地球の裏側で、マリアという10代の女の子が妊娠しました。彼女は玉の輿を射止め、婚約中でした。でも、御曹司である彼氏は、彼女の妊娠について「身に覚えがない」。彼女に聞いても、「天使が現れて妊娠した」というばかり。これは大変なことになりました。この時代（一部では現代でも）こういう場合には母体ごと胎児が殺されます。世間体のために。みんなの幸せのために。今でも、中絶する論理はそのあたりにありましょう。それは仕方がないこと、でも、彼女にとっては「とんでもないこと」でした。その彼女を助けてくれそうな人が一人いました。皇族に嫁いだ親戚です。名をエリサベツと言いました。皇族である夫は良い人で、子宝に恵まれなくても彼女を大切にしました。でもそんな彼女に、世間の目は極めて厳しい。そうした中で、夫が「天使」の幻を見、そしてエリサベツは高齢で妊娠した……という親戚でした。マリアはこのエリサベツに一縷《いちる》の望みを託します。危険を冒し、つわりのひどい様子を隠しながら、その大きな門をくぐり、ついにエリサベツに出会う、果たしてエリサベツは彼女を受け入れかくまってくれるのだろうか……その時！　エリサベツの胎内の子どもが躍る。その躍動を感じた彼女は、「おめでとう」とマリアに声をかける。

この「おめでとう」は、絶対的な価値を持つものでした。死は命へ、呪いは祝福へ、悩みは喜びへ変わる。そんな一言です。それは世間のしがらみを解き放ち、彼女たちを自由にする「おめでとう」でした。

この出来事以来、クリスマスおめでとう、と、私たちは語り交わしています。それは、世間のしがらみの奴隷状態から私たちを解放する挨拶です。

「クリスマスおめでとう」

今年も、来年も、新しい思いを込めて、この挨拶をかわしあうことにいたしましょう。

（仙台ＹＭＣＡ講義「キリスト教理解」）

救いを待ち望む

[3]イエスがオリーブ山で座っておられると、弟子たちがやって来て、ひそかに言った。
「おっしゃってください。そのことはいつ起こるのですか。また、あなたが来られて
世の終わるときには、どんな徴があるのですか。」[4]イエスはお答えになった。「人に
惑わされないように気をつけなさい。[5]わたしの名を名乗る者が大勢現れ、『わたし
がメシアだ』と言って、多くの人を惑わすだろう。[6]戦争の騒ぎや戦争のうわさを聞
くだろうが、慌てないように気をつけなさい。そういうことは起こるに決まってい
るが、まだ世の終わりではない。[7]民は民に、国は国に敵対して立ち上がり、方々に
飢饉や地震が起こる。[8]しかし、これらはすべて産みの苦しみの始まりである。[9]そ
のとき、あなたがたは苦しみを受け、殺される。また、わたしの名のために、あな

たがたはあらゆる民に憎まれる。10 そのとき、多くの人がつまずき、互いに裏切り、
憎み合うようになる。11 偽預言者も大勢現れ、多くの人を惑わす。12 不法がはびこ
るので、多くの人の愛が冷える。13 しかし、最後まで耐え忍ぶ者は救われる。14 そ
して、御国のこの福音はあらゆる民への証しとして、全世界に宣べ伝えられる。そ
れから、終わりが来る。」（マタイによる福音書24章3〜14節：新共同訳）

11月

世界で一番の国、と言われるアメリカ合衆国で、新しい大統領が誕生しました。選ばれたのはトランプという人でした。人格に大きな問題がある、という評判で、特に都市部に住むアメリカ人の多くが、深く悲しみ、絶望的な気持ちで、国外に逃げ出したいと語っている様子が、ニュースで報道されていました。その人たちは、「この世の終わりだ」と、感じているようでした。

この世の終わりだ、と感じる経験を、私たち東北の人々は、つい最近、いたしました。地震が起こり、津波が襲い、原子力発電所が爆発した、それは、ついこの間のことです。

この世の終わりだ、というのは、どういうときでしょうか。それはおそらく、人

間が人間として扱われない、自分が人間扱いを受けなくなってしまうときだろうと思います。まことに残念ながら、そういうことは起こる。避けたいと思うのですが、避けることはできない、かもしれない。

もし、皆さんが、誠実に、目の前の人を大切にして生きていこうとするなら、きっといつか、皆さんは、自分が人間扱いされない、という屈辱を味わうと思います。残念ながら、私たちが生きている世界には競争があるのです。生き残ろうとして他人を出し抜き、あるいは足を引っ張りあいながら、私たちは生きている。その意味で、世界は残酷です。

そういう世界をどうしたら「まし」にできるのでしょうか。イエスという人の生涯が、その答えです。つまり、だまされ、馬鹿にされ、侮られ、利用され、使い捨てられても、人を大切にし続けること。そうすることで、世界はやっと、すこしずつ、優しくなる。

イエスという人は、そのことに徹した。それでイエスはついに、人間扱いされなくなり、酷い目に遭って殺されていった。どうしてそんなことができるのか。多くの人が不思議に思いました。そして、多くの人がイエスのように生きようと思い立ち、少しずつ、世界は優しいものとなってきました。

たとえば、１５０年前、明治政府からの圧力により、仙台で生まれた子どもたちは、教育を受けるチャンスが奪われていました。戊辰《ぼしん》戦争（１８６８年～１８６９年）に負けたからです。それで、仙台の若者は差別され、人間としての扱いを受けることができなくなっていました。その状況に心を痛め、仙台の人々を大切にしようとした一人の米国人女性がいました（アニー・サイレーナ・ブゼル Anny Syrena Buzzell, 1866～1936 写真）。クリスチャンでした。彼女は学校を作り、人々を助けました。その学校が、この尚絅学院《しょうけいがくいん》です。

さて、今日の聖書の箇所です。人間が人間扱いされないようなときが、やってくる。そう思うと、不安になります。イエスの弟子たちが、イエスに聞きました。「教えてください。いつ、そんなことが起

こりますか？　そのときは、どんな前兆がありますか？」

不安な弟子たちに、イエスが答えます。「人に惑わされないようにしなさい」。人にあおられないように、というのが、イエスのアドバイスです。「もう世の終わりだ」という声に、だまされてはいけない。「自分がみんなを導くぞ」という人も出てくる。あるいは、戦争が起こる。あるいは、戦争のうわさも流れる。天変地異もあるだろう。大地震も、また起こるに決まっている。人々は互いに憎しみ合い、殺し合いを始めるだろう。そうしたことは、起こるものだ。まず、そう覚悟しなさい。この世界は、決して人間にやさしくない。むしろ残酷《ざんこく》なのだ。でも、それで、世界が終わるのではない。絶望してはいけない。

絶望しないで、苦しみの中で、目の前の人を大切になさい。そうすると、人々は、「いいカモだ」と言わんばかりに、あなたたちをいじめるでしょう。そして、あなたたちの間で、「やっぱり、人を大切にするのは無駄《むだ》だ、自分も生き残りたい、ほかの人たちがそうしているように、自分も他人を蹴落《けお》として、楽に生きたい」という思いがわいてくる。裏切り者が、出てくる。そして、やはり、嘘《うそ》がはびこる。「目の前の人を大切にしても、意味がない」という嘘《うそ》が、はびこる。そして、恐ろしいことに、愛ですら、冷え切ってしまう。

今月から、教会の暦の始まりである「アドヴェント」の月となります。「アドヴェント」のテーマは「救いを待ち望む」です。

今日の聖書の個所は、まさに、救いを待ち望むようなこと、「人間が人間を人間扱いしないこと」が起こるぞと、語っています。そして、それは実際、イエスがこのことを語って以来、約2千年の間、何度も何度も、起こってきました。でも、世界は終わらなかった。人間は、絶望しなかった。人間は、絶望しかけましたが、それでも踏みとどまって、目の前の人を大切にしてみようとした。最後まで耐え忍び、目の前の人を大切にすることには意味があるはずだと、踏みとどまった。そして、人類は世界をなんとか今の形で残し、私たちに手渡してきたのでした。

イエスは言います。「最後まで耐え忍ぶ者、どんなに追い込まれても、人を大切にすることをやめない人は、救われる」と。このことは真実なのだと、イエスは語ります。そしてイエスは、そのことを証明するかのように、人々に裏切られながら、人々を大切にする（聖書翻訳者でもある山浦玄嗣さんは、「愛する」と訳されている「アガパオー」を「大事にする」と、正しく訳しています。広く流布してしまった「愛」という言葉については、こと聖書の訳語に関して言う限り、しばしば「ほぼ誤訳」と断ぜざるを得ない用いられ方をしていることは、残念なことです。）ことを貫き通し、そして、みじめに殺されました。しかし、そこに、世界をやさしくする可能性が生まれました。

今日の聖書の個所は、私たちを励まします。世界は厳しく、冷たいかもしれない。でも、目の前の人を一人ずつ、大切にしていきましょう。そうしたら、世の終わりだと叫びたくなるようななかでも立派に生きていける。世界を少しずつ優しくできる。そうして、世界が本当にやさしくなった時、その時にこそ、この世の終わりがやってくる。この世の終わりは、優しい世界の始まりになる――その時まで、救いを待ち望んで、目の前の人をひとりずつ、大切にしていきましょう。

今日の聖書の個所は、そういうことを語るものでした。

（於　尚絅学院中学高等学校チャペル、2016年11月11日説教）

12月

【ペンテコステ物語】

クリスマスの餡と皮

クリスマスの季節になりました。クリスマスを、お饅頭に例えて、「皮」つまり「外側」と「餡《あん》」つまり「中身」に分けて、説明してみたいと思います。

クリスマスといえば、「サンタさん」です。本名は「聖ニコラウス」(Saint Nicholas, 270~343 次頁写真)。この「聖」を西欧では「セント」あるいは「サン」と読みまして、それがなまって「サンタ・クロース」となります。今から1700年ほど前、今のトルコにいた神父さんでした。今も昔も、お金に困った人は、しばしば、自分の娘を売りに出します。悲しい現実です。ニコラウスは、そうしたことがあると知ると、その家にたくさんの金貨を投げ込んで、その親子を助けた、自分がしたことはわからないように身を隠しながら――という伝説があります。この伝説が語り継がれているうちに、いつしか「夜中にこっそりやってきてプレゼントを置いていくサンタさん」が私たちの間のおなじみとなりました。

今のサンタさんは、北欧からやってきます。実は、トルコは、今から600年ほど前に、イスラム教の帝国となりまして、教会の影響は北へと追いやられていきました。その結果、ヴァイキングの世界（8世紀末～11世紀頃の北欧）にキリスト教が広がり、いつの間にかサンタさんは北欧の人になっていました。

今のクリスマスの雰囲気は、このヴァイキングの世界から展開していきます。たとえばクリスマスツリーやリースは、その典型です。それらは、雪に閉ざされ命を封じられたように見える冬の世界の中でも、青々と活力をみなぎらせている常緑樹《じょうりょくじゅ》に、死によっても破られることのない復

活の命が重ねられています。キリスト教は、そのように、展開した土地の文化と一緒になって豊かに広がるものなのです。ちなみに、今のサンタさんの「赤」は、コカ・コーラの広告から始まっています。それもまた、「消費社会」である今の文化と一緒にキリスト教が展開している実例だと思います。

以上、サンタさんやクリスマスツリーといった、キリスト教の「外側」のいくつかを説明しました。それらが包んでいる中身は何でしょうか。それは、クリスマス物語です。その一つは、この後の小説教でご紹介いたします。その物語は、一つのことを指し示しています。

それは、闇の底から新しい光が生まれるということです。

クリスマスとは、「キリストのミサ」という言葉です。キリストを記念するミサ（礼拝）。それは12月25日に行われました。12月25日は、古代ローマの時代、冬至《とうじ》と定められていました。その日まで、ひたすら毎日、日が短くなる。闇が深く長くなる。必ず、昨日よりも明日のほうが暗い。そういう日々が積み重なるその最後の日が、冬至です。たとえ何日、暗くなり続けるとしても、いつかそんな日々は終わる。その最後、その最も暗くなり切ったその先に、神さまは降りて来てくださる。そこから、新しい日が始まる。ゆっくりとでも、そこから始まる。そういう意味を込めて、教会は冬至の日を「クリスマス」としたのでした。

暗闇の底から、新しい世界が始まる。それが、クリスマスの「中身」です。その中身を包むものが、クリスマスツリーであり、リースであり、サンタさんでした。その「皮」の部分に染み出る「餡《あん》」の味わいを、このクリスマス、体感していただければ幸いに思います。

絶対確実なもの

8さて、その辺りで、羊を飼う［賤《しず》の］者どもが野宿をして、夜もすがら羊の群れを守っ
てござった。9そこへ、我らが御《おん》あるじなる神さまのみ使いがその者どもの傍《かたわ》らにお
立ちなさった。御あるじなる神さまのめでたき御輝きがその辺りを明々《あかあか》と照らした
ので、その者どもは驚きのあまり腰を抜かし、歯の根も合わずに震え上がってござる。
10すると、かのみ使いの言いなさるには、
「そのように怖《こわ》がっているのはやめて、よく聞け。この国民《くにたみ》すべてにとっての大い
なる喜びとなるべきよき知らせをもって罷《まか》り越した。11そなたらのために、今日、
ダビデの村にお助けさまがお生まれなさった。このお方《かた》こそ、尊《たっと》き油を身に受けて
世を救うなる御あるじなれ。12そなたらは、飼い葉桶の中に産衣《うぶぎ》に包《くる》まり、寝てい

る赤子を見るであろうが、それが目印ぢゃ。」

（ルカの伝えた《よきたより》2・8～12：山浦訳）

２０１５年から２０１６年にかけては、映画の「当たり年」だったと言われます。スターウォーズといった海外の映画だけではなく、日本の映画も素晴らしい作品がたくさん公開された年として、記憶されると思います。『シン・ゴジラ』や『君の名は』といった作品を、皆さんも見たかもしれません。

そうした中で、今年最後の大きな話題となっているのが、『この世界の片隅に』（監督：片渕須直、原作：こうの史代）という映画です。本当に少しの映画館でだけ上映を始めたアニメーション映画でした。でも、公開からすぐ、ものすごい評判を呼び始め、上映する映画館がどんどん増えてきました。宮城県では、仙台と富谷で上映しています。私も行ってみてみましたが、映画のパンフレットが完売していました。悔しかったので、もうひとつの映画館に行ってみたのですが、そこも完売。そして入荷の予定がまだわからないとのことでした。こんなことは、仙台では、珍しいことだと思います。

たくさんの人々が、『この世界の片隅に』という映画について、語っています。ネットで調べていただければ、その「熱」の高さに驚かれると思います。この映画は、戦争映画です。第二次世界大戦の敗戦までを描いた物語です。この映画は、ほのぼのしています。まるで『ちびまる子ちゃん』や『サザエさん』のような映画です。この映画には「結論」がありません。ただ、これを見た人は、何かを語りたくなる、そういう映画です。

ある映画評論家が、『この世界の片隅に』について、『君の名は』と比較して、語っていました。『君の名は』は、「この世界ではあり得ないお話」をアニメ映画にしている。「絶対確実なもの」を描こうとしているけれど、それは「この世界ではあり得ない」ことなので、「この世界ではありえないお話」をアニメにした。ないものねだりの映画。「こんなことあったらいいなぁ。でもないけどねぇ」という映画。それが『君の名は』という映画だけれど、『この世界の片隅に』は、その正反対である。「あり得ないような現実」の中で、それでも消えない現実を静かに描いている。『この世界の片隅に』はそんな映画だと、語っていました。

この映画のプロデューサーは、宮城県出身の人だそうです。実家は津波被災地であるとのこと。この映画を作る最中に、2011年3月11日があったそうです。「あり得ないような現実は、起こる」ということを、私たちは思い知らされた。これからも思い知らされるだろうと、学んだ。そういう中でこの映画は作られ、上映され、多くの人がそれを見て、何かを語りたいと思っている。

「絶対確実なもの」は、この世にはない。そういう諦め。それは、震災を経て、はっきりと意識されたように思います。なるほど、そうかもしれません。でも、そうだとすれば、なんと寂しいことでしょう。友情も、家族も、受験での成功も、部活での勝利も、はかない。すべては消え去る。なるほど、そんなものかもしれません。だって、あの大震災ですら、もう、忘れかけている。原発事故はまだ収束もしていないのに、原子力災害の被災者のことを、世間みんなで忘れようとしている。どんなことも、そんなふうに、消えてしまう。

そんなものでしょうか。どうでしょう。いや、もしかしたら、違うかもしれません。

「絶対確実なもの」は、あるのではないか。あってほしい。あるとしたら、どこにあるのだろう。

今日、私たちは一つの物語を見ています。昔々の、地球の反対側のお話。奴隷のような立場で、町にも入れず、一生差別されて暮らす人々がいました。その人々はつらい仕事を押し付けられ、人々が暖かくして静かに休む夜の時間に、体に無理をして働き続けなければならない。働きづめに働いても、それで生活が豊かになるわけでもない。そんな人々が、突然、幻を見た。天使が現れ、恐ろしいほどの光があたりを照らし、夜なのに昼のように明るくなった。暗闇の中に輝く光の中から、声がする。「怖がるな。すべての人に与えられるいいニュースがある。それを伝えよう！」という。その声は、ひたすら差別され一生苦しんで生きるようにと運命づけられた人々に、語る。「あなたたちをひどい状況から救い出す力が、現れた。本当だ、その証拠もある」と、そう、声は語るのです。

私は、「東北ヘルプ」というNPO法人の事務局長として、被災地の支援活動にあたっています。そこで見ることとは、矛盾ばかりです。被災地の復興予算とか、原発事故の賠償金とか、そういったもので、人々を助けようと、偉い人が一所懸命考えています。でも、それは「一部の人」の助けにはなりますが、「すべての人」の助けにはならない。「一部の人」は喜びますが、「大勢の人」は関係がない。だから、いつも大勢の人は、怒っている。私たちが努力する「支援」とか「助けること」というものは、そんなものです。それは、大昔でも、地球の裏側でも、同じでした。人間の限界です。「絶対確実なもの」は、この世には、ない。

でも、この物語は、闇の中に輝く光を登場させ、その光の中で、語ります。「絶対確実なものは、ある。すべての人を助ける力は、ある。ないと思っているでしょう？でも、あるのです！　その証拠を見せましょう。」

絶対確実なものが、あるという。本当に、あるのでしょうか。どこに、あるのでしょうか。闇の中に輝く光、その光の中で聞こえる声は、ある一点を指さして言います。「赤ちゃんが、馬小屋に寝かされている。」と。

馬小屋は、町はずれにあります。人の住むところではなく、動物の飼育される場所です。それは、まさに、この世界の片隅です。そこに、世間から捨てられたようにして置かれた赤ちゃんがいるという。そこに、「絶対確実なもの」がある、と、闇に輝く光が語る。この世界の片隅に、すべての人のための良い知らせが、隠されている、と。

絶対確実なものは、どこにあるのでしょうか。それは、この世界の片隅にあります。片隅には、理不尽がしわ寄せられ、矛盾が吹き溜まっている。そこに行くと、私たちの心は震える。これはおかしいと、動き出す。その動き出す力こそ、絶対確実なものだと、クリスマスの物語は語っているのです。

クリスマスの時、私たちは、馬小屋に寝かされた赤ちゃんを見、そこに集まる人々を見ます。そういう絵を飾り、そういう人形を置くのです。それが示しているのは、「絶対確実なものは、この世界の片隅にある」ということなのです。

（於　尚絅学院中学高等学校チャペル、2016年12月21日説教）

1月

イエス物語、はじまり――「あの事件」の回顧から

クリスマスが終わりました。世界中の教会は、春までの暦を進めています。クリスマスを待つ「アドヴェント」に始まる教会暦は、十字架物語をクライマックスとする物語を、春までの暦の中に埋め込み、そして夏を迎えます。生活と新約聖書のイエス物語を絡めることで、人間の生き方をガイドする――それがキリスト教の伝統になっています。

津波と原子力の災害からの「復興」が試みられているこの東北の地で、イエス物語を今たどるなら、「犠牲」ということを念頭に置かれるとよろしいかと思います。津波被災地では「格差」を生み出しつつ「復興」が進みます。原子力災害の被災地

では景気のよい話が飛びかう背後に人間の尊厳が脅《おびや》かされています。誰かを犠牲にすることで困難を脱しようとします。それが私たちの現実です。その切ない現実の中で、私たちはどうやって「まとも」に生きられるでしょうか。そんなことを考えながら、春まで、ご一緒にイエス物語をたどってみることにしましょう。

＊　＊　＊　＊　＊

今年（2017年）は、キリシタンの「当たり年」です。1月には遠藤周作の小説『沈黙』がハリウッド映画となって封切られました。2月には高山右近《うこん》（1553–1615）がカトリック教会によって「福者」に列せられました。もうすぐきっと長崎のキリシタン関連史跡が世界遺産に登録されるかもしれません。

イエス物語をたどる前に、遠藤周作のことを考えてみたいと思います。遠藤は、イエス・キリストとはなんであったかを真剣に考えた作家でした。その探求は教会との確執を生み出すほど真剣なものでした。1966年、遠藤は『沈黙』を発表します。それはカトリック教会では「禁書」扱いを受けることになります。そのテーマは「殉教」です。キリスト教の教えを守るために人は犠牲になるべきなのか。キリストは、イエスは、そんなことを望んでいない。これが、この物語の衝撃的な結論となっています。

遠藤は、『沈黙』で「強虫（強者）」と「弱虫（弱者）」の対比を考え始めます。歴史の中に名を残し発言を残すのはいつも「強虫」だけだ。沈黙を強いられた「弱虫」の声を聴いてみたい。そう思って『沈黙』を書き始めたそうです。『沈黙』のクライマックスにおいて、「強虫」である主人公は踏み絵のイエスに語りかけられ、イエスの本当の声を聴き、棄教する……強者であった彼が「強い／弱い」という枠組みから解脱する物語が、『沈黙』でした。この「強虫／弱虫」のテーマは1980年の長編小説『侍』で結論に達します。『侍』は仙台藩の物語です。主人公は支倉常長《はせくらつねなが》（1571~1622）。伊達《だて》政宗《まさむね》の親書を携えて、7年の歳月をかけて太平洋・大西洋を渡ってローマに旅した支倉を、遠藤は、運命に翻弄されても文句ひとつ口にできない「弱虫」として描きます。この支倉たちを翻弄《ほんろう》し騙《だま》し利用する「強虫」の宣教師が登場し、支倉と対《つい》になって物語は重厚に構成されています。この物語は、「強い／弱い」を超克した境地に支倉と宣教師が到達して終結する。今度は、「弱虫」である支倉が、十字架にぶら下げられている「みじめな男」と出会い、不条理な人生の中を生き抜く力を得ます。そうして遠藤が見出したイエス・キリストは、「同伴者イエス」と呼ばれるものとなります。

＊　＊　＊　＊　＊

イエス物語は、実に多様な読み方ができます。教会では、共同体を保持するために、ある一定の枠組みの中でそれを共有します。でもこの小講義の中では、できるだけ自由にイエス物語を読むようにしましょう。遠藤がそうしたように。

皆さんが自由にイエス物語を読むために、最初にショッキングなことをご紹介しましょう。「イエスは、テロ事件の首謀者として逮捕され政治犯として処刑された」ということです。これは新約聖書が強調していることです。特に「ヨハネ福音書」

などは、それを冒頭もってきて、読む人をぐっとひきつけます。

見事な医術をもって貧しい人々に奉仕し、すべての人は「神の子」として大切にされるべきだと教え、賛同するお金持ちの支援を取り付け大規模な炊き出しを行い、気づけば巨大な「世直し運動」の指導者と目されていたイエスは、最後に数千人以上の群衆を引き連れて国家の中枢に乗り込み、そこを占拠して実効支配した。それはまさに「三日天下」であったのだけれど、その時そこには確かに「神の国」あるいは「天国」が出現していた。しかしそれは権力者の恐怖を呼び起こし、結果的に人々は、当時の秩序を維持し世界を支配するローマ帝国の軍事力の窮迫におびえることになる。その時、イエスは自らその責を一人で負い、彼についてきた人の一人も傷つけずに、事態をすべて収拾してしまう。イエスは政治犯（テロリスト）として無残に処刑され、人々はこぞって彼を呪い、すべては「なかったこと」となる。――「あれはいったい何だったのか」と、もやもやしながら思い返しつつ、イエス物語は繰り返し語られ読まれて行くことになるのです。そうしてイエスの足跡をたどる人々の目には、イエス物語の奥行が見えてきます。正義のために人が打ち捨てられる理不尽への憤りに震え、打ち捨てられた人々のために寝食を忘れて奉仕に励んでも、それが結局人々の誇大妄想的な期待を呼び起こして、違和感にさいなまれ思い悩む。そんな何重にも積み重なった矛盾の中で懸命に生きる理解者がいても、結局は命が尽きて、いつか無に帰してしまう、そのはかなさに触れて涙を流し体を打ちふるわせる。——そんなイエスの姿が浮かび上がり、そのペーソスが読む人の胸を打ちます。それが、イエス物語を読むということなのです。

どうぞ、皆さんも固定観念を捨てて、聖書を読んでみてください。イエスは大酒のみで、体格がよく、女性にモテて、よく笑い、毒舌家で、すぐ怒り、人情深く涙もろい……と、とても魅力的な人物が見えてくると思います。

（仙台YMCA講義「キリスト教理解」）

世界戦争の予感の中で

1 主よ。あなたは御国に恵みを施し、
ヤコブの繁栄を元どおりにされました。
2 あなたは、御民の咎を赦し、
彼らのすべての罪を、おおわれました。　セラ
3 あなたは、激しい怒りをことごとく取り去り、
燃える御怒りを、押しとどめられました。
4 われらの救いの神よ。
どうか、私たちを生き返らせ、
私たちに対する御怒りをやめてください。

5 あなたは、いつまでも、
私たちに対して怒っておられるのですか。
代々に至るまで、
あなたの御怒りを引き延ばされるのですか。
6 あなたは、私たちを再び生かされないのですか。
あなたの民があなたによって喜ぶために。
7 主よ。私たちに、あなたの恵みを示し、
あなたの救いを私たちに与えてください。

8 私は、主であられる神の仰せを聞きたい。
主は、御民と聖徒たちとに平和を告げ、
彼らを再び愚かさには戻されない。
9 まことに御救いは主を恐れる者たちに近い。
それは、栄光が私たちの国にとどまるためです。
10 恵みとまこととは、互いに出会い、
義と平和とは、互いに口づけしています。

11 まことは地から生えいで、
義は天から見おろしています。
12 まことに、主は、良いものを下さるので、
私たちの国は、その産物を生じます。
13 義は、主の御前に先立って行き、
主の足跡を道とします。（詩篇85篇1―14節：新改訳三版）

２０１７年になりました。世の中では毎年、一年の最初に「今年はどんな年になるか」という話をするものです。毎年そうなのですが、今年ほど、暗く不吉な予感に満ちた年はなかったかもしれません。私たちは、もしかすると、世界史の教科書に載るような大きな出来事がゆっくり進んでいる、そういう節目の年を迎えたのかもしれません。

皆さんが生まれたころ、世界は「平和」になったと言われていました。世界戦争はもう起こらない、と言われていたのです。逆に言いますと、私たちが中高生の頃は、まだ、「明日、第三次世界大戦が起こるかもしれない」と、本気で語り合っていたの

でした。ほんの30年前のことです。「本当かな?」と思われたら、どうぞ、30年前の映画や漫画を見てみてください。例えば『風の谷のナウシカ』とか『北斗の拳』など、映画や漫画のあちこちに、そうした雰囲気が生き生きと描かれています。世界戦争が起こり、核兵器が使われて、世界がいったん崩壊する、ということは、30年前、具体的に真剣に心配されていたのです。

皆さんが生まれたころ、その心配はもうなくなった、と、私たちはなんとなく思うようになりました。大きな対立はなくなり、世界中が一つになっていくような気がしました。インターネットと携帯電話通信網が広がり、飛行機での旅行の値段が安くなり、アジアやアフリカの国々も豊かになり始めた、そのような中を、皆さんは成長されました。

しかし、昨年あたりから、世界は急に変わり始めました。実はもう少し前から、世界が一つになって、どんどん生活が便利になっても、ちっとも世界はよくならない、と、世界中の人がいらいらしていました。そのイライラはいろいろな形で噴出《ふんしゅつ》していましたが、どうも、根深いところに問題があるように思われてならない。そうした空気が強くなる中で、「根っこからすべてひっくり返そう！」という流れが生まれ始め、怒りとともにそれは強くなりました。そして昨年、イギリスがヨーロッパ連合（EU《イーユー》）から脱退することになり、そしてアメリカでは「自分たちだけが独り勝ちするべきだ」と主張する人が大統領に選ばれたのです。それは、世界の在り方をひっくり返そうという世界中の人々の声が、抑えようもなく大きくなったことを示しています。

そして昨年末から、本当に世界は揺れ動き始めた感じがします。朝鮮民主主義共和国、いわゆる北朝鮮は核ミサイルをアメリカ本土にまで届かせる実験を成功させると言い出し、アメリカの次期大統領は「そんなことは起こらない」と怒りの声を反射的にぶちまけました。中華人民共和国、つまり中国は、台湾をめぐる問題に触れて「このままでは世界戦争になる」と警告し始めています。ロシア連邦の大統領はヨーロッパ連合の記者団に対して、昨年後半から何度も、「今は核戦争の危機にあること」を警告し続けています。そして今年のお正月には、少なくない日本の人々が、「世界戦争」の可能性を語り始めました。

そういう時、私たちはどうすればいいのでしょうか。もちろん、私たちが何かしたところで、歴史の流れは変えられないでしょう。でも、そうした中で私たちが「どう生きたらいいのか」は、真剣に考えるべきだと思います。おなじ動乱の世の中に生きるのであれば、せめてよく行きたい。立派に生きたい。まともに生きたい。そう思います。

そういう時、聖書の言葉は大きな助けになります。人類はもう何千年も、そうして聖書を読み続けてきました。今日は、「動乱の中でどう生きたらよいのか」を語る聖書の箇所です。そこには、「主《しゅ》」という聖書の神の教えが、はっとする言葉で書かれているのです。

今日の聖書の言葉は詩でした。詩は短い言葉でたくさんのことを伝えます。1節から3節までの言葉で、この詩を作った人の苦しい経験が語られています。この詩を作った人は、戦争に巻き込まれました。巨大帝国の間で起こる大戦争に巻き込まれたのです。そしてこの人の家族も、そのふるさとも、その国も、すべてが破壊された。焼け出されたこの人は、自分たちを苦しめた敵国の首都で惨めな思いを抱きながら生活をすることになります。でも、その苦しい日々も終わった。そういうことが、3節までに表現されています。そして「もうこんなことにあいたくない、もう勘弁してほしい」という祈りを、神さまに向かって訴えかけています。それが7節までです。「もう勘弁してほしい」という祈りに答えるかのように、8節以下に「聖書の神＝主」の宣言が記されます。それは「平和」の宣言でした。その宣言される平和は、特別なもののようです。それは、10節にある印象的な言葉で記されます。

「恵みとまこととは、互いに出会い、
義と平和とは、互いに口づけしています」。

戦争は、なぜ起こるのでしょうか。殺しあうほどの憎しみは、どうして燃え上がるのでしょう。それは、歴史を見るとわかります。それはいつも、正義を掲げる人々が衝突するから起こります。妥協なく真理を求め、「これが本当のことだ」と互いに譲り合わないとき、殺しあうほどの憎しみが燃えあがり、そして戦争が起こる。相手には相手の事情があり、自分には自分の事情があり、それぞれの事情の中で正義が語られているのだ、という想像力がなくなると、戦争になり、憎しみ合うことになるのです。他人と共に生きるとき、私たちは他人の痛みを知り、他人の直面している矛盾を理解します。その時、平和が訪れるのだと、聖書は語ります。これが、「聖書の神＝主」の教えです。

キリスト教は、愛を語ります。正義よりも真理よりも、何よりも大切なものとして愛を語ります。それは、「普通」のことではありません。でも、それなしには戦争はやまない。憎しみは生まれ続ける。愛は、語られ、実践されなければ、消えてしまいます。愛を何よりも大切なものとして語り続けるために、教会があり、そして尚絅学院をはじめとしたミッションスクールがあります。今日、皆さんは、他人とともに教室で学び、部活に励み、食事をするでしょう。その中で、他人がそれぞれ持っている正義について、想像してみてください。そうしたら、皆さんの中に愛が生まれます。他人を大切にする思いが芽生えます。今日がそんな日となればと、願っています。

皆様が今日一日の学びを通し、愛に生きる人へとまた一歩成長してくださいますよう、お祈りをいたしましょう。

（於　尚絅学院中学高等学校チャペル、2017年1月19日説教）

2月

「イエス物語」の可能性

「キリスト教理解」と題しまして、ここまで、「犠牲」や「クリスマス」や「遠藤周作」などについて、お話をしてきました。クリスマスの季節が終わりますと、教会は「イエス物語」をたどって暦を進めます。今日は、様々な「イエス物語」の理解の仕方があることを、ご紹介したいと思います。

(1)「血みどろ」イエス

まず、西欧の伝統において、イエスは「血みどろ」の様子でイメージされてきました。イエス物語は、何をおいても「十字架の物語」なのです。魂の深いところに刻まれた傷を、ギリシア語で「パトス」といいます。人類の魂の深いところに穿《うが》たれた悲劇の物語として「十字架物語」があり、それを村を挙げて春に劇にして上演します。識字率《しきじりつ》が低かった時代、聖書が読めない西欧人の多くは、長い間、そのような劇を観《み》てイエス・キリストを理解してきました。その伝統をよく写し取った映画が21世紀に作られました。『パッション』（メルギブソン監督、2004年）という映画です。

（2）赤ちゃんイエス、マリアの胸に

さて、西欧の大部分はもともと、大地母神を奉ずるケルト民族の土地でした。そこを西ローマ帝国が侵略し、帝国の崩壊後、大混乱の中で教会が共同体を維持あるいは形成してゆきます。そうした中で、キリスト教の中に古い土着の信仰がなじんでゆき、「聖母マリア」が大切にされ、その胸にいだかれる「無垢《むく》の赤ちゃん」としてのイエスさま、というイメージもまた、キリスト教の中に定着することになります。

(3)ジェントルマン、あるいは理想的西欧人、あるいは勝利者(征服者)イエス

時代はぐっとさがりまして、教会が次第に「分割・民営化」の様相を示すようになります。プロテスタント教会の誕生です。そのころ、西欧世界は世界中を侵略し略奪することで、巨大な富を蓄えるようになります。その経済力に支えられて進歩する科学の力を借り、聖書理解・イエス理解も精緻化する。そしていつしか、世界を制した英国人が理想とする「ジェントルマン」としてのキリストが、無意識のうちにひたすら「イエス物語」の中に読み込まれるようになります。そこに読み取られたのは、有徳《うとく》(徳行のすぐれていること。)を装う背後に暴力を隠し持つ「勝利者イエス・キリスト」でした。その限界は20世紀初頭には指摘されるのですが、結局、第二次世界大戦が

終わるまで、真剣に反省されることがありませんでした。日本では、宣教師への尊敬の結果でしょう、なかなか、それは意識されにくかったのですが、1960年代には、その真剣な反省が起こります。とても読みやすいところで言いますと、遠藤周作あるいは狐狸庵《こりあん》の手によるキリスト教文学や随筆は、この問題を深くえぐっています。

(4) 同伴者イエス

ここですこし、遠藤周作の文学について、もう一度触れておきましょう(このお話をしております時、ちょうど、映画『沈黙』が上映されていましたから!)。遠藤周作は、学生時代、当時のカトリック教会の主流となっていたキリスト教思想に強い違和感を覚え、しかしクリスチャンだった母親への愛着ゆえにキリスト教をやめることもできず、困り悩みながら文学者として大成します。1966年に発表した『沈黙』には、西欧からの征服者としてのキリスト教への嫌悪が生々しく描きだされます。それでも彼はキリスト教をやめることができない。そして遠藤は1980年に『侍』を発表します。そこには『沈黙』で描きかけていた彼なりのイエス・キリスト理解が大成しています。それはつまり「同伴者イエス」というものでした。本当に苦しいとき、神をすら呪いたくなる絶望の淵《ふち》で、なお、同伴してくださる方――それが、遠藤の描く「イエス・キリスト」でした。それはその最後の作品となった『深い河（ディープリバー）』の中で、極限にまで展開していきます。そこで「同伴者イエス」は「犬」「オウム」「妻」等に転生し、運命の深い河に飲まれてゆくしかない私たちに救いを与えてくれる……となるのです。

以上、聖書の「イエス物語」には多様な読み方があり得るということがお分かりいただけたと思います。ＹＭＣＡやＹＷＣＡの「Ｃ」に隠された〝キリスト〟の理解は、実に豊かな可能性を持っているということ、そしてそれは、現場の活動の中で、私たち自身の言葉で新しく語りなおされるべきものだ、ということを、お覚えいただければ幸いです。

（仙台ＹＭＣＡ講義「キリスト教理解」）

キリスト教の救い

1 だれがわれわれの聞いたことを
信じ得たか。
主の腕は、だれにあらわれたか。
2 彼は主の前に若木のように、
かわいた土から出る根のように育った。
彼にはわれわれの見るべき姿がなく、威厳もなく、
われわれの慕うべき美しさもない。
3 彼は侮られて人に捨てられ、
悲しみの人で、病を知っていた。

また顔をおおって忌みきらわれる者のように、
彼は侮られた。われわれも彼を尊ばなかった。
4 まことに彼はわれわれの病を負い、
われわれの悲しみをになった。
しかるに、われわれは思った、
彼は打たれ、神にたたかれ、苦しめられたのだと。
5 しかし彼はわれわれのとがのために傷つけられ、
われわれの不義のために砕かれたのだ。
彼はみずから懲しめをうけて、
われわれに平安を与え、
その打たれた傷によって、
われわれはいやされたのだ。（イザヤ書53章1～5節：口語訳聖書）

今週火曜日、私は、あるお坊さんと会議をしていました。牧師や僧侶が一緒になって困った人を助ける、そんな仕組みを作ろうという会議でした。東日本大震災の時、私たちは力を合わせていろいろな働きをしました。お葬式もできずに火葬場で焼かれてゆく大勢の方々のことを痛ましく思い、その方々の人間としての尊厳をどうやって守るか、考えました。「一緒に、お弔いをしましょう。」そう話し合って、そこから、私たちは一緒に働き始めました。そして避難所に物資を運んだり、仮設住宅を訪問したり、外国人のお世話をしたり、放射能で悩んでいる人の相談に乗ったり。そういうことは、牧師と僧侶とが協力すると、ぐっとやりやすくなる。そうしているうちに、いろいろな宗教の指導者が一緒に活動する、という運動が始まります。それをどう展開するか。今週火曜日は、その会議をするために、私はお寺を訪ねていました。

事務的な話し合いが終わった後、お茶を飲みながら、私たちは、自分たちがそれぞれ何を信じているのかと話しあいました。驚いたことは、私たちのスタート地点がよく似ていた、ということでした。そのスタート地点というのは、こうです――私たちは、よかれと思って何かをしても、誰かに思わぬ結果を及ぼしてしまう。よい心で動いても、意外なところで誰かが傷ついていたり、負担を負っていたり、我慢させられていたりする。そういう限界の中に私たちは生きていて、それは、どうしようもない。じゃあ、どうするか。どうやったら、その問題を克服できるか。この同じ問題をスタート地点にして、和尚さんも牧師である私も、それぞれキリスト教と仏教の道に進んできたのだ、と、対話を通して気づかされました。興味深い発見でした。

そんな今週の火曜日、和尚さんとの話し合いが終わって自分の事務所に戻りました夕方に、電話が鳴りました。仙台にいる韓国人の友人からの電話でした。助けてほしい、という連絡でした。どうしたのかと聞きましたら、困っている人がいて、その人をどうにかしたい、とのこと。すぐに、その困った人と連絡を取りました。

その困っている人、というのは、南米の若い男性でした。昨年日本に来たばかりとのことで、まだ日本語が不自由でした。ご家族との間に問題があり、いわゆる「DV」だということで、千円だけ持って家を逃げ出してきたとのことでした。あるNPO法人の方々がカトリック教会の方と一緒にこの男性を保護しましたが、何しろ言葉もあまり通じないのです。泊まる場所も探さなければならないし、どうしたらよいのか、困っていた。それで、あちこちに相談をしたところ、私のところに連絡がきた、ということでした。

私は、教会関係で泊めてくださる場所を探し、彼を保護して、銭湯に連れていき、食事を一緒にして、大使館などへ連絡を取りました。また、彼のご家族の関係者とも相談をして、これからのことを相談しました。そうしたことは、牧師の仕事です。神さまから託された仕事ですから、一所懸命、とにかくやってみる。そして、今日の聖書のことを考えていました。

遠く南米からやってきた若者がいる。その若者と暮らす日本のご家族がいる。両者の間には何かがあり、「DV」だと言って、彼は逃げ出した。それをかくまう人々は、ご家族から憎まれ、その対応に疲れてしまっていた。大使館なども、明らかに「困ったことだ」という反応。でも、誰が悪いのでしょうか。みんな、少しずつ悪いのでしょう。でも、だれか「悪い人」がいるわけではない。ただ、全体としてすこし歪んでいて、そのしわ寄せが、この若者に集まっています。彼は、行き場もない。寝る場所もない。お金もない。彼を保護したいと思っている人も、どうして良いかわからない。

誰も悪くないのです。でも、しわ寄せがそこにあります。だれかがそれを担わなければ、一番弱い立場の人がそれを引き受けることになります。それは、あんまりだ。そういう時、イエスさまのことを私たちは思い出します。イエスさまの姿は、どんな風だったか。クリスチャンたちは、教会で今日の聖書の個所を何度も読んで、そこにイエスさまを見てきました。

今日の聖書の個所は、歌になっています。印刷されますと、詩になっていますが、おそらく最初は美しい歌であったはずです。この歌が描く主人公は、みすぼらしい、さえない、弱弱しい一人の人です。でも、理不尽のしわ寄せが集まる場所に立って、「これはおかしい、なんとかしなきゃ」と言ってしまう人。そういう人は、まわりから迷惑がられる。余計なこと・面倒を引き込むと、嫌われる。「お人よし」と馬鹿にされるかもしれない。人を押しのけて利益を得ようという人に、簡単にやっつけられてしまう。そうしたことがこの歌に歌われています。世間は、こういう人を尊敬しません。困ったときは、もてはやすでしょうけれど、普通の時は、無視します。困ったことは押し付けて、あとは忘れます。忘れるために、こういう人を利用します。そして、ついにこういう人は、くたびれ果て、使い捨てられます。そういう人のおかげで、この世界は何とか回ります。めちゃくちゃになるはずの世界は、そういう人によって、なんとか保たれています。でも、世間はそういう人を無視し、忘れ、馬鹿にし、利用し、使い捨てます。この歌は、そういう人の様子をうたっているのです。そして、この姿こそ、イエスそのものだと、教会でクリスチャンたちはいつも、語り合ってきました。

今週、和尚さんと話をしたことを思い出します。和尚さんは、キリスト教は何を目指すのですかと、私に聞きました。キリスト教は、この歌に描かれるような姿をイエスさまに見て、そこに救いを感じます。その救いとは、いったい何なのでしょう。聞かれて、考えて、私は答えました。キリスト教は、神さまが命をくださったと考えます。そして、神さまが命をお取り上げになるまで、私たちは生きます。その生きる間、活き活きと輝いて、いのちに満ち溢れて生きること。それを、キリスト教は目指しています。でも、活き活き生きようとすると、誰かが迷惑するかもしれない。輝いて生きると、どこかに影が落ちます。キリスト教では、イエスさまがその影を広い、その迷惑を担って、そこから新しい命を送りだしていると教えます。

聖書を読んで、そういうイエスさまを読み取ります。そこから勇気を得て、つまり「なんとかなるな」と思って、できることをやってみます。そうやって私たちはイエスの教えを生活の中に確認し、教えられ、学び、生きていきます。そうしたら、私たちはきっと活き活きと生きられます。命の輝きに包まれて生きることができます。そんなことを、火曜日、和尚さんにお話したのでした。

（於　尚絅学院中学高等学校チャペル、2017年2月15日説教）

3月

イエス物語　ブックガイド

前回、イエス物語には多様な読み方があるということをお話ししました。今回は、具体的にいくつかの本をご紹介したいと思います。

（1）田川建三『イエスという男——逆説的反抗者の生と死』

1980年に三一書房から出された、「問題作」あるいは「名著」です。2004年に作品社という出版社から増補改訂版が出ております。

鋭く（おそらく正しすぎる）教会批判を盛り込みながら、20世紀後半の現代世界を念頭に「イエスという男」を掘り下げています。いくつかの教会で「禁書」のように取り扱われたほど、その筆致は激しく、そして明晰です。キリスト者ではない多くの方々が高い評価をしている点、やはり最初に取り上げるべき一書と思いました。

（2）青野太潮『パウロ——十字架の使徒』

田川さんの本を読むならば、一緒に、あるいはそのあとに読んでいただきたいのが、青野さんの本です。

特に、最近上梓されたこの本は、イエスという人が「どんなふうに語られたか」あるいは「どんなふうに人を変えたのか」を分かりやすく語っています。学問的な鋭さ・明晰さは、田川さんと同じく、素晴らしいものです。そして、やはり田川さんと同じく、教会の常識の枠内に収まらない文章を、まったく臆することなく展開している点、優れていると思います。それはきっと、教会と社会を静かに変えて行くゆっくりとした力を感じさせてくれるものと思います。

（3）本田哲郎《てつろう》『小さくされた人々のための福音――四福音書および使徒言行録』

結局、イエス物語は、新約聖書の「福音書」が基本となります。

でも、なかなか、読みづらい。「それではいけない」と、当代きっての聖書学者が、「釜ヶ崎の労働者にこそわかる聖書を」と志し、長い時間をかけて紡ぎあげた聖書の日本語訳があります。それが、本田哲郎さんの翻訳『小さくされた人々のための福音』です。

本田哲郎さんは、カトリックを代表する新約聖書学者であり、修道士でした。修道会の責任者として、日雇い労働者への給食奉仕の現場に立った時、彼は変わります。教会内での地位を放り出して、労働者各位と一緒に生活をし、一緒に聖書を読むようになりました。その現段階での集大成が、この書物になっています。

（4）山浦玄嗣《はるつぐ》『ケセン語訳聖書』

本田さんと同じく、「聖書の物語がぴんと来ない」という声にこたえようとして生み出された、素晴らしい翻訳があります。

医師の山浦さんは、岩手県大船渡市で医師として奉職しつつ、岩手県三陸沿岸気仙（ケセン）地方に広がる「ケセン語」を研究する市井の学者でした。カトリック教会で「おばあちゃん」たちが、聖書の物語がよくわからないという。ケセン語こそ母語である人々に、東京の学者が作った言葉は、しみこまない。言葉がしみこまないから、イエス物語がしみじみとは伝わらない。その現実に挑戦しようと、山浦さんは一念発起され、ギリシア語からケセン語への新約聖書翻訳を行っただけではなく、ご自身が朗読してCDを作成します。考えてみれば、イエス物語はもともと口伝え・語り伝えで広まったはずです。その躍動感が、CDを再生しますとよみがえるような気がします。特に、翻訳も朗読も録音も脂が乗った格好になった「ヨハネ福音書」のケセン語朗読は、本当に美しくしみじみ心に残ります。

私は、ある時、山浦さんに「ぜひ使徒行伝も作ってください」とお願いしましたら、「お前が自分で作れ!」と、一括されました。懐かしい思い出です。山浦さんの「ルカ福音書」のイエスは、実に、金持ちに厳しく意地悪で、ひりりとする毒がある。その雰囲気で、使徒行伝が翻訳されたらどんなに面白いだろうな、と、今でも時々、思っています。

(5)『口語訳聖書』

聖書を考えるとき、「著作権」というものの矛盾に行き当たります。著作者の苦労に報い、著作という生業《なりわい》が成立するために、「著作権」という権利は大切なものとされねばならないと思います。でも、著作者はいつも、「誰かに読んでほしい」と思って、作品を書くはずです。しばしば、「著作権」の壁に阻まれて、読まれるべきものがなかなか読まれない、ということも起こる。それは矛盾だと思います。

聖書の場合はどうでしょうか。聖書は、翻訳されるものです。この点は、イスラム教の聖典『クルアーン(コーラン)』と対照的です。翻訳がなされることによって、新しい味わいや洞察を読み手に与え続ける、というのが聖書です。それはギリシア語・ヘブライ語・アラム語など、古代の言葉を駆使して初めて翻訳されます。その翻訳者の労は、本当に尊敬すべきものだと思います。

1945年、日本という国が大きく変わったとき、日本の知識人たちは真剣に聖書翻訳を開始しました。それまでも努力は続けてきたのですが、全く違う情熱と時間を傾け、現代の聖書学者からも一定の評価を獲得し得る翻訳が、1955年に完成しました。その尊い奇跡は、最近、東北学院大学の吉田新《しん》さんによって明らかにされたことでした。

この翻訳で四つの「福音書」を読みますと、日本の多くの教会で読まれてきた「イエス物語」を、とても手軽に読めると思います。この翻訳の聖書は、インターネットで、無料で読むことができます。著作権の保護期間が切れた上で、大変な努力をもってテキストを打ち込んでくださった方がおられるからです。スマートフォンが普及した今、どの翻訳よりも、手軽に確かに読むことができるものだと思います。インターネットで「日本語の聖書」と検索くだされば、テキストで読むことができます。テキストで読める、ということは、検索なども自由にできるので、まことに素晴らしいものだと思います。

（6）biblehub.com

実に、聖書は、翻訳されるところに意味がある、と思います。どんな立派な学者先生の翻訳であれ、「ぴんとこない」という場合は、翻訳を変えればいい。あるいは、自分で翻訳してみればいい。今は、英語さえ読めれば、自分で翻訳することが可能となっています。それが、この「biblehub.com」です。

URLに「biblehub.com」と入力くだされば、すぐに見ることができます。各国語の翻訳、英語とギリシア語・ヘブル語の対訳、各語の辞書的な意味、そして関連地図など、実に豊かな内容がそこにあります。

実は、日本のキリスト教には弱点があります。それは、定着してしまった翻訳語です。「アガペー＝愛」や「ハマルティア＝罪」や「ゾーエー＝命」のように、キリスト教にとっては核心に触れるような用語が、「ほぼ誤訳」されたようにして、漢字に置き換えられています。明治のころ、日本にやってきた「宣教師」の先生方が、必ずしもギリシア語・ヘブル語に堪能ではなかった、ということが、その背景にあるようです。そして、その宣教師の方々への敬愛の念（それは正当でまっとうなものだと思いますが）が、その「誤訳」を保持する結果に至ったということが、キリスト教をわかりにくいものとしているようです（「愛」については36ページと125ページを、「罪」については18ページを、「罪」については21ページを、「命」については99ページをご参照ください）。

そういうことを嘆いていてもしょうがないので、私はできるだけ、この「biblehub.com」というサイトを人に紹介して、自分で聖書を翻訳して、ご自分の「イエス物語」を見つけることをお勧めしています。

（仙台YMCA講義「キリスト教理解」）

東日本大震災を覚えて

[49]「あなた方は、何もわかっていない。[50]一人の人間が民に代わって死に、国民全体が滅びないほうが、あなた方にとって得策であることを、考えていない」。
（ヨハネによる福音書11章49節b～50節：フランシスコ会訳）

明日は、3月11日です。東北に住む人にとっては、忘れられない日です。今から6年前、2011年3月11日に、東日本大震災が起こりました。突然、町が海にのまれ、2万人に及ぶ人々がいのちを失いました。原子力発電所が爆発事故を起こし、今でもまだ数えきれない人々が途方に暮れています。

でも、こういう声も聞こえてきます。「もう、震災と言っている場合ではない」「もう7年目にもなるのだから」「いつまで、そんなことを言っているのか」「いい加減に、前を向いて、進まなければだめだ」「東日本大震災だけが、大変なのではない」……こうした言葉は、仙台市内でも聞こえてきます。あるいは、「被災地の人間ほど、被災者に冷たい」という溜息交じりの声も、聞こえるのです。

確かに、そうかもしれません。いつまでも過去のことにこだわることは、いけない。あるいは、自分たちの大変さばかりをいうのは、わがままだ。確かに、そうかもしれない。でも、私たちは、あの出来事を覚えていなければならないと思います。私は思うのです。やっぱり、忘れてはいけないことがあるのではないか、と。

＊　＊　＊　＊　＊

おととい、私は、気仙沼にいました。二つの会議がありました。一つは、金光教という宗教の教会での会議でした。もう一つは、気仙沼第一聖書バプテスト教会というキリスト教会での会議でした。二つの宗教の、二つの教会で、私は被災地ボランティア活動のための会議をしました。宗教は違っても、互いに力を合わせて、この現場に立ち尽くそうと、私たちは一昨日、話し合ったのでした。

金光教というのは、江戸時代の終わりころに岡山で生まれた宗教です。江戸時代を通じて積み上げられてしまった不合理な習慣を打破するよう人々を教えた宗教です。神道のような儀式をしておられます。全国に教会を持ち、そのネットワークが東日本大震災の時、大きな力を発揮しました。一昨年までずっと「金光教ボランティア」の方々が気仙沼の教会に宿泊し、地域の人々を助けていました。いつしか地域の人々も金光教気仙沼教会に集まるようになり、そして仮設住宅では話せないことを語り合うランチ会（「乙女の会」と呼ぶそうです）を開催してくださるようになりました。そして地域の方々のつながりは深くなり、この4月からはみんなで「こども食堂」を金光教の教会で開始し、地域の子どもたちをケアし、そして被災地に根深く残る問題にみんなで取り組む拠点になろうとしています。その活動の中心は、金光教気仙沼教会の副教会長・奥原幹雄先生です。奥原先生は、震災の時、東京でサラリーマンをしていたそうです。でも、故郷が壊滅的な状況になっていることをテレビで見た奥原先生は、故郷へ帰り、大混乱の中に身を投じて今日にいたります。多くの人が被災地を忘れ、あるいは被災地を語らなくなっていますが、奥原先生の被災地での働きは、これからが本番となります。

突然、命が失われるという悲劇が、数年前にあったのです。その時、多くの人の心が動きました。いのちとは、なんと尊くはかないものなのであろうか、と。そのことに気づき心が動いた人の中から、体を動かす人が出てきました。多くの人々がボランティアになって被災地に身を投じたのです。そうできない人々も、動いた心を寄せあい、募金をしました。多くの人が気づいたのです。お金とか電気とか自動車とかの、なんともろくて役に立たないことか。そして逆に気づいたのです。目に見えない、お金にならない、古臭くてつまらないと思っていた「やさしさ」とか「絆」といったものが、なんと、頼りがいのあるものなのであろうか、と。

私たちは、毎日を当たり前に生きていると、大切なことを忘れるようです。本当に大切なことってなんであったか、わからなくなります。毎日のあたりまえの日々を守るためなら、本当に大切なものを犠牲にしてもいいと、そう思い始めます。そして6年前のあの時、私たちの心は動いたのです。忘れていた大切なことに、気づかされました。その大切なことのためにだったら、宗教の違いや過去のいきさつ、あるいはお金のことや手間のことは、もう、どうでもいいと思えました。それくらい大切なことに、私たちは気づかされました。その大切なものというのは、一人一人の命です。私が、今日生きているということの不思議。あなたが、今日生きているということの不思議。命の不思議。一つ、一つの命の不思議。でも、震災の記憶が薄れると、その不思議を、また私たちは忘れてしまう。

＊　＊　＊　＊

今日の聖書の個所は、恐ろしい言葉です。イエスさまが一人一人の命を大切にする運動をおこしました。そうすると、それに反対する声が権力者から湧き上がってきた、という場面です。今日がずっと続かなければならない。5年後も、10年後も、今日と同じでなければならない。そのためだったら、少しの犠牲はしょうがない。一人一人の命よりも、今日が明日へと続くことが大事だ。そう思う気持ちが、恐ろしい言葉になって発せられています。「みんなのためには、一人の犠牲はしょうがない」。

いじめは、いつも、この声に押し出され始まり、この声に包まれて温存され、この声に励まされて正当化されます。いじめはいつも、一見正しいと思われる言葉で彩られ、進行し、隠蔽されます。私たちはぼんやりしていると、この「一見正しい声」に騙されます。「そうだ、みんなのためだ、あいつはしょうがない、切り捨てよう」となります。その嘘の空気の影響力は絶大です。その空気に水を差すのは、悲劇の出来事とその犠牲者です。

キリスト教は、十字架の物語を語ります。この嘘の言葉によって犠牲となったのが、十字架のキリストだと、物語をつなぐのです。そして、その悲劇を、毎年毎年、語り継ぎます。毎年この季節になると、十字架の物語が語られます。「みんなのために、一人の犠牲はしょうがない」という声に対抗し、「それは嘘だ」とはっきり指摘します。

そんな物語を、毎年この季節に確認します。きっとそうして、「いつまでも被災地って言ってなんか、いられないんだ」という嘘も、静かに私たちは払いのけるのです。一つ一つの命の大切さを思い出し、その命のために壁を乗り越え、厄介ごとに向き合い、現場に立ち尽くす。そうして、この世界は少しずつ、暖かくなります。私たちはそうして、一人ずつ、少しずつ、幸せになります。

明日は、3月11日です。どうぞご一緒に、その日に起こった出来事を見つめましょう。そこに失われたものを見て、本当に大切なことを思い出すことにいたしましょう。

（於　尚絅学院中学高等学校チャペル、2017年3月10日）

4月

【イースター物語】

復活の意味

これまで、アドヴェント、クリスマスと教会の暦をたどりながら、キリスト教についてのご説明をしてまいりました。そして、イエス物語を様々に示す著作をご紹介したことでした。今回は、そのイエスの生涯の物語の先、つまり「復活」について学びたいと思います。

1．イースター（復活祭）

キリスト教で最大のお祭りは、「イースター」です。それは春のお祭りです。「春分の日の次の満月の直後の日曜日」と決まっています。つらい冬を超えて、春がやってくる。そのことに、「いのち」の不思議を感じ、みんなで喜ぶお祭りです。

このお祭りの背後には、二つの宗教があります。

一つは、ユダヤ教です。物語の中で、イエス自身は、自分自身を「モーセの再来」と見立てて、その生涯の最後の日々を演出したようです。その悲劇的な結末はしかし、不思議な復活へと至ります。その出来事のタイミングを、ユダヤ教の大きなお祭りである「過ぎ越しの祭り」に合わせて、イエスは仕掛けました。「過ぎ越しの祭り」は、〈モーセが大帝国エジプトの奴隷を解放する、その最後の大勝負の場面〉をユダヤ教徒みんなで思い出してお祝いする行事でした。それは今でも春に行われています。

もう一つは、ゲルマンの宗教です。「イースター」というお祭りの名前に関係することです。ゲルマン

の古い神話に、春の女神「エオストレ」(Eostre 前頁写真) がいました。この女神をお祭りするということにひっかけて、「イースター」という呼び名が採用され、定着しています。

キリスト教の純粋性を求めてやまないまじめな人々がいます。その熱意には脱帽するばかりですが、キリスト教というのはもともと、たとえばその最大のお祭りに他の宗教を大胆に取り入れてしまうように、実に「ゆるい」ものだと、ご承知おきくだされば幸いです。

2. 聖書が語る「いのち」

「復活」の意味は、新約聖書が語ります。新約聖書はギリシア語で書かれました。ですからまず、ギリシア語で書かれた聖書のいうところの「いのち」の意味を、確認しておかなければなりません。

日本語で「いのち・命・生命」と訳さています言葉は、少なくとも三つのギリシア語になります。

a　**ゾーエー**：これは「永遠の命」と訳されます。それは「不老不死」のようにイメージされるかもしれませんが、ちょっと違います。「死んでも、なお、活き活きとしていられる活力」のことを言います。それは始まりも終わりもない、いのちの源のような「いのち」です。

b　**ビオス**：これは生物学的に（つまりバイオロジカルに）考えられる「いのち」のことです。聖書では、この言葉は「生活」とか「生活費」という意味で使っています。それは、どこからかやって来て、どこかへと去っていく、という「いのち」です。

c　**プシュケー**：これは通常「魂」と訳される言葉ですが、聖書ではこの言葉を「いのち」と訳しています。「その人の人格そのもの＝魂＝いのち」という言い換えなのだと思います。「君は僕のいのちだ！」とドラマティックに叫ぶようなとき、そこに使われる「いのち」のことだとお考えください。

3. イースターが語る「復活のいのち」

私たちは、始まりがあって終わりがある「いのち（ビオス）」を生きています。それを安定させようと、私たちは必死です。でも、その一所懸命な努力によって「活き活きと生きられるか」といえば、そうでもない。富を蓄え、知己を増やし、権力を手に入れれば、「ビオス」としての命は延長できる（かもしれない）。でも、その永らえた「いのち」が、裏切りに怯える湿っぽいものとなってしまうことも、よくあることです。

考えてみれば、「始まりがあって終わりがある」ようなもの（ビオス）のために、自分のかけがえのない一生（プシュケー）を使い果たす、ということに、どんな意味があるでしょうか。でも、そうしないではいられないような世の中です。そして、私たちは、深く疲れてしまう。

でも、私たちは知っています。困ったときに助けてもらう喜びを。また、困った人を助けた時の喜びを。あるいは、困ったなかで助け合う喜びを。そういう喜びは、私たちを活き活きと輝かせます。その輝きこそ、「永遠のいのちの輝き」と呼ぶべきものです。

イースターというのは、そういう喜びのいのち（ゾーエー）を思い出すためのお祭りなのです。長い冬が、すべてを暗く黒く寒く沈みこませます。でも、力を合わせてその間を耐え抜いた人々には、必ず、春が訪れます。その春もまた過ぎ去っていきますが、その春を迎えた喜びには、永遠の輝きが映り込んでいます。そのことを喜び、そのことを確認することこそが、春のお祭り・イースターということになります。

（仙台ＹＭＣＡ講義「キリスト教理解」）

タラントンのたとえ

[14]すなわちそれは、家を離れる人が自分の下僕たちを呼んで、その財産を託したよ
うなものである。[15]それぞれその能力に応じて、ある者には五タラント、ある者に
は二タラント、ある者には一タラントを与え、出発した。彼が出かけるとすぐに、
[16]五タラントを受け取った者はそれを働かせて、ほかに五タラント儲けた。[17]同様に、
二タラントを受け取った者もほかに二タラント儲けた。[18]だが一タラントを受け取っ
た者は行って、地に穴を掘り、主人の銀貨を隠した。[19]長い時がたち、その下僕たち
の主人が来て、彼らと清算することになる。[20]そして五タラントを受け取ったものが
進み出て、ほかの五タラントもさし出し、言った、主よ、私に五タラントをお預けに
なりましたが、ご覧下さい、ほかに五タラントを儲けました。[21]彼の主人は彼に言っ

た、よいかな、善なる信実なる下僕よ、汝は僅かなものに信実であった。汝を多くの
ものの上に据えよう。主人の喜びの中に入るがよい。[22] また二タラントを受け取った
者が進み出て、言った、主よ、私に二タラントをお預けになりましたが、ご覧くださ
い、ほかに二タラントを儲けました。[23] 彼の主人は彼に言った、よいかな、善なる信
実なる下僕よ、汝は僅かなものに信実であった。多くのものの上に据えよう。汝の主
の喜びの中に入るがよい。[24] また一タラントを受け取った者が進み出て、言った、主
よ、あなた様が厳しい方で、蒔かなかったところからも刈り取り、散らさなかったと
ころからも集めるような方である、ということは存じ上げております。[25] それで、恐
ろしかったので、行って、あなた様のタラントを地面に隠しました。ご覧下さい。こ
こにあなた様のタラントがあります。[26] 彼の主人は答えて彼に言った、悪しき下僕よ、
臆病者め。私が蒔かなかったところから刈り取り、散らさなかったところからも集め
ると知っているのか。[27] それなら私の銀貨を銀行に預けるべきだっただろう。そうす
れば私は来て、私のタラントを利息とともに受け取ることができただろうに。[28] この
者からタラントを取り上げ、十タラントを持っている者に与えよ。[29] すなわち、持っ
ているものには誰でも与えられ、ますます豊かになる。持っていない者からは、その
持っているものまで取り去られるのである。[30] そしてこの役に立たない下僕を外の闇

に放り出せ。そこでは嘆きと歯がみがあるであろう。
（マタイ福音書25・14〜30：田川訳）

今週の日曜日、4月16日は、イースターでした。教会で一番のお祭りです。イエスの復活という物語を皆で味わい、春の喜びのうちに、いのちの輝きをことほぐ。そういうお祭りが、世界中の教会で行われました。

他方で、イースターの前の一週間、つまり、先週の一週間は、世界中の教会で、一番暗い日々を過ごすことになっています。イエスの十字架の物語を毎日味わい、その陰鬱《いんうつ》で凄惨《せいさん》な事件をじっと見つめる一週間が、先週の7日間だったのです（「受難週」といいます）。そして、先週の一週間の終わり、土曜日が、一番暗く重い一日とされています。私の友人の神父さんは、一切食事をせずに、土曜日を過ごしたそうです。世界中の教会で、先週、クリスチャンたちがそうやって過ごしていました。

実は、教会の外でも、世界は、先週、ずいぶん緊張した日々を過ごしました。皆さんはご存知でしたでしょうか。もうすこしで、核戦争が起こる、と、真剣に語り交わされていました。北朝鮮民主主義人民共和国では先週の土曜日が重要なお祭りの日で、その日に核実験を行うと、予想されました。もし行えば、アメリカ合衆国が爆撃を行うことになると、予想されました。そして、そうなったときには、日本にも、反撃のミサイルが降ってくると、予想されたのです。戦争の緊張は、土曜日に向けて、どんどん強くなっていました。一部の政府関係者は、日本から家族を避難させました。先週は、そういう一週間だったのです。

幸いにして、核実験も、爆撃も、報復も、起こらずに済みました。どうやら、何らかの手打ちが行われたようです。ほっとしたイースターの朝が、今週の日曜日となりました。

今、世界には地球を何度も破壊できるだけの量で、核兵器が保管され、発射準備を終えているといいます。核兵器だけではありません。原子力発電所を破壊することができる武器は、日本の周りにもたくさん配備されています。私たちの平和な日々は、とても脆弱《ぜいじゃく》（もろくて弱いこと。）だと、実感しました。

私たちの平和な日々が、もろいものであること。それはきっといつか壊れるということ。そういうことを考えると、不安になります。不安になると、勉強も手につかなくなるかもしれません。元気もなくなります。そういう時、どうすればいいでしょうか。今日の聖書の個所は、そういう問題への答えを示す物語となっています。

今日の聖書の個所は、長いひとつながりの話の後半部分となります。今日は25章14節から読んでいただきましたが、これは、24章からのひとつながりなのです。平和な日が、実はとても脆弱であることを、イエスさまが弟子に厳しく語る、という場面から、話が始まります。不安になって、動揺して、弟子たちがイエスさまに質問します。「いつ、そんなことになりますか。その時私たちは、いったいどうしたらいいのでしょうか……を。」

イエスさまは、最初はいろいろなことを説明するように語ります。それから、物語を三つ語ります。今日の部分は、その三つの物語の二つ目、ということになります。「タラントンのたとえ」と呼ばれる、有名な物語です。

古代ローマで使われた価値を表す単位が、「タラントン」です。現代の「タレント」という言葉のもとになっています。神さまが、ある人には大きなタラントを与えた。

ある人には、小さなタラントンを与えた。そういう感じで、物語は解釈されてきました。大きなタラントンを与えられた人、つまり、大きな価値を持った人を「タレント」と呼ぶ、というわけですね。

さて、この「タラントンのたとえ」では、王様が三人の家臣を呼んで、1タラントン、5タラントン、10タラントンを銀貨で預けたといいます。それを使って何かしてみろ、ということです。私たちも、運動が得意だったり、理系の科目が得意だったり、絵を描くことが上手だったり、人づきあいがうまかったり、みんな、なにか、ひとつくらい、得意なことがあると思います。そして、その得意なことが、他人と比べて「小さいこと」に思えるかもしれないし、あるいは人より「大きい」と、いい気分になることもあるかもしれません。そんな感じで、家臣たちは、それぞれ異なる「タラントン」を預かったのでした。

さて、物語はここで展開します。家臣たちに、人生の苦難の時がやってきます。王様が旅に出てしまう、ということです。この王様は、神さまのことをたとえています。つまり、私たちは、神も仏もないような事態に、直面することがある、ということです。戦争が起こったり、大地震が起こったり、原子力発電所が爆発したり。失恋したり、落第したり、けがをしたり。人生には、いろいろなことがあります。私たちは、そういう時、不運を嘆くでしょう。あるいは、「チクショウ」と叫ぶかもしれない。そういうことが、起こります。

そうしたことが起こった時、人はそれぞれ試される、というのが、今日の物語の語ろうとするところです。ある人は、その与えられた能力を活用して、苦難の中でも諦めないで、人のためにできることを探してみた。でも、ある人は、運命を呪い、自分の力不足を嘆いて、いじけて、すねて、何もしなかった。

そして、王様が、いつか、帰還してくる日がきます。つまり、神も仏もない、というときは終わる。苦しみは、いつか、必ず終わります。その時、人は、それぞれ、自分のしたことの結果を引き受けなければならない。そう、この物語は話をまとめていきます。苦難の中で、できることを探して、人のために何かしてみた人は、王様の宴会の席に招かれて喜びを分かち合う。でも、運命を呪い、自分の力不足にいじけていた人は、苦しみの時が終わっても、喜びを味わうことができない。

この物語は、「頑張って成果を上げろ」と言っているのではないことに、注意してください。そうではないのです。世界は、ある日、突然、皆さんにとって苦しみの現場になるかもしれない。その時、皆さんは、自分の小ささを感じて、足がすくむでしょう。でも、そのとき、落ち着いて、運命を呪わずに、他人のためにできることを、細々とでも、行いなさい。優しい言葉をかけ、心を寄せ、苦しくても微笑んでみましょう。そんな小さなことを、不安の中で、やってごらんなさい。必ず、苦しみの時は終わりますよ。その時、細々と行った小さなことは、かならず、皆さんの喜びとなるでしょう。そういうお話が、今日の聖書の箇所なのでした。

（於　尚絅学院中学高等学校チャペル、２０１７年４月19日説教）

5月

【ペンテコステ物語】

教会の意味

1. ペンテコステ

教会の暦の中には、三つの「軸」となるお祭りがあります。

まずクリスマスです。それは、冬至のお祭りです。最も暗いさなかに神さまがお越しになる、ということをお祝いします。この世界の暗さを打ち払う神さまの愛の大きさを語る催事です。

次にイースターです。それは、春のお祭りです。冬が終わろうとするとき、私たちの体調は著しく不調になります。暖かくなるので、体がゆるみ、持病も出てくる。そういう苦しみの時を、イエスの受難の物語に重ねて時を過ごし、そしてついに春が来る。その喜びを「キリストの復活」に重ね合わせて、お祝いする。それは、私たちの「罪」をも乗り越える神さまの愛の力を確認する催事です。

　そして三つ目に、「ペンテコステ」というお祭りがあります。このお祭りは、イースターから「50日経《へ》た日（ギリシア語でペンテコステ）」に祝われます。それは「教会の誕生日」とされています。今日は、その意味をお話ししたいと思います。

　復活したイエスに出会い、勇気づけられたイエスの弟子たち。その弟子たちが、屋内に集まって、励ましあい、喜びを分かち合っていた。それが「イースターからの50日間」のことでした。その弟子たちの様子は、もしかすると、今の教会の様子にそっくりかもしれません。同信のともがらが集まり、熱心に互いを支えあって、でも引きこもっている……さて、そこで考えます。実は、その「50日」を経て初めて教会は誕生した、ということは、どういうことか。もしかすると、「今の教会」の様子は、「教会以前」の態を示しているのかもしれない。この意味で、ペンテコステ

（50日目）という言葉の意味は、深長で鋭いものと思われます。

イースターから50日経った日、何が起こったというのでしょうか。聖書によると、弟子たちが屋外に出て、自分たちの普段使っていない言葉で、十字架と復活を語り始めたといいます。「自分たちの言葉だけで語り、閉じこもって」いる限り、教会とは言えない、ということです。そう思うと、ＹＭＣＡやＹＷＣＡの存在意義を感じます。実際には、教会はしばしば、自分たちの内側に引きこもってしまいます。でもその都度、ＹＭＣＡやＹＷＣＡのような運動が教会の中から起こり、その限界を突破していきます。普段使わない言葉で語りだし、教会の外の人々に奉仕していきます。そうやって教会は、何度も何度も刷新されてきました。それは素晴らしい神さまの御業なのだと思います。

2．教会の現実と神さまの働き

さて、「ペンテコステ」を経た教会は、その後、どうなったのでしょうか。まことに残念ながら、その歩みは誇れるものではありませんでした。まず教会は、しばらくしてすぐ「世間並」になろうとしました。世間のように男尊女卑で、身分を意識し、成功を求める、そういう団体に成り下がり、教会堂にひきこもるようになりました。「世間並」の団体が、ひきこもるのです。当然、「暇」になります。だから、派閥争いを始めます。「やることがない」ので、教会内の利権（些細なものから巨大なものまで）の分配（というか奪い合い）に一所懸命になる。そして、世間から隔絶された「特殊な人々」の団体へと、教会は堕してゆく。それが現実でした。でも、その教会の中に、何度でも、新しい活力が生まれます。教会の手前勝手な圧力に押しつぶされながら、その活力はいつも復活し、殻を破って教会を賦活《ふかつ》（活力を与えること。物質の機能・作用を活発化すること。）させる。それが、2000年の教会の歴史となりました。

3．教会の意味

例えば、西欧の歴史を見てみましょう。

ローマ帝国が東西に分裂し、西ローマ帝国が異民族の侵入によって滅ぶ。そうして古代の時代が終わり、中世に入るころ、西欧は混乱と破壊にまみれていました。それをひたすら支えたのは、教会でした。実に数百年をかけて、中世の西欧社会が確立します。しかしその時、教会は腐敗しました。復興した西欧の権力に支えられた教会は会堂に引きこもり、派閥争いにうつつを抜かした。その腐敗が頂点に達した結果、例えば十字軍の暴挙となります。その蛮行《ばんこう》がようやく収まりかけたころ、一人の変人が、イタリアに現れます。その名をフランチェスコといいました。彼は教会を改革します。いつか、みなさん、『ブラザーサン・シスタームーン』という映画をご覧ください。そこには、キリスト教精神に基づいて奉仕に生きるとはどういうことなのか、瑞々しい映像で見事に描き出されています。しかし、その運動もまた、教会の腐敗の中に飲み込まれていきます。しかし、そのような運動は、場所を変え人を代えて、続々と新たに起こり続けるのです。それが、宗教改革を経て今に至る教会の歴史となります。そうした歴史を見るとき、私たちは気づきます。「教会ですら、見捨てられていない。まして、教会の外は！」ということに。

今日も、神さまが働かれる。欠けだらけの教会を用いて——そのことに、深い慰めを得る思いがします。

4．教会の歳時記の意味

11月末ころから始まるキリスト教の歳時記（教会暦といいます）は、これで「ひとめぐり」となります。整理してみますと、それは次のように、三つのお祭りを軸に展開されることになっています。

クリスマス（降誕祭＝イエスの誕生祭）——冬至を中心に設定されたお祭りです。現代では12月25日の約4週間前から始まります。この四週間を「アドベント」と呼び、25日の朝にクライマックスを迎えます。そしてその後二週間程度（多くの地域では1月6日ころまで）お祭りが続きます。つまり「約1か月半」がクリスマス・シーズンとなるのです。

イースター（復活祭＝イエスの復活祭）――春の到来を意識して設定されたお祭りです。「春分の次の満月の次の日曜日」を祭日として設定し、そこまでイエスの十字架物語を辿るように工夫して過ごしながら、春の到来を待つことになります。

ペンテコステ（五旬祭＝教会の誕生祭）――教会暦の締めくくりです。「旬《じゅん》」というのはもともと「10日間」を意味する漢語なので、「イースターから50日」の「教会の旬《しゅん》の季節」といった意味になります。

キリスト教の中心の奥深くには「三位一体論」という原理があります。この原理があるので、「三つで一つ／一つで三つ」という様式美が、キリスト教のあちこちに顔を出すことになります。教会暦も同様です。そこには「親の愛・死を打ち破る希望・挑戦する勇気」の三つが一つに表現されているのです。キリスト教の歳時記＝教会暦とはつまり、「闇に閉ざされて見えるときにも命は輝くこと・死と直面しても命には意味があること・腐食が迫る中でも命は勝利すること」を体感するための仕掛けなのです。

教会暦が一巡りすると、夏になります。活動の季節です。命の真価が問われます。戦争が迫っているように感じるのです。平和が見失われていくと感じるかもしれません。すべてが「旧来の姿」に復してしまって、「あの出来後」ですら風化してゆくように見えるのです。終わらない日常の中で活力を喪失しつつあるかもしれない。そして気がつくと、世界は腐っていくように見える。その腐敗から、自分もまぬかれないように思われる……そういう世界の中で、命の真価を問うのです。そしてまた、黄昏の季節がやってくる。するとまた、教会暦が始まる。そうして、キリスト教の暦をたどる人は、もう一度新しく命の輝きを思い出すのです。

（仙台YMCA講義「キリスト教理解」）

共に生きる

あなたたちは、互《たが》いに大切にし合うこと以外、だれに対しても、何の借りもあってはなりません。人を大切にしているなら、その人は、律法をすべて守ったことになるのです。（ローマの人々への手紙13・8：本田訳）

今日、私は、「共に生きる」ということを考えながら、この小さな聖書の言葉をご一緒に味わいたいと思っています。

先週、私は、神戸に出張をしていました。その中で、少し時間が取れたので、ある施設に行ってきました。その施設の名前は、「人と防災未来センター」です。

1995年に起こった阪神淡路大震災の教訓を生かし残すために設立され運営されている大きな建物でした。

1995年、巨大な地震が関西を襲いました。神戸の真下が大きく揺れ、たくさんの人が亡くなりました。高速道路も駅前のビルも崩れてしまい、巨大な火災が発生したのでした。その時、私は大学生でした。

2011年に東日本大震災が発生しました。皆さんもよくご承知の通り、それは青森から千葉に至る数千キロの海岸に津波が打ち寄せ、原子力災害が引き起こされ、2万人近い人が亡くなり、その数十倍以上の人々が今でも苦しみの中に生きています。

2011年の震災が起こった時、私は仙台にいました。そして、2011年3月18日、つまり、震災の一週間後に、支援団体の事務局長となりました。たくさんのボランティアが世界中から集まってくる、その中心にいたのだと思います。集まってくるボランティアの中で、とても目立ったのは、神戸からの方々でした。とても熱心で、とても親身になってくれる。その思いの熱さは、ずっと長く続きました。

あれから6年以上の月日が経った今でも、神戸の方々が東北へ寄せてくださる思いは、あまり変わらないように思うのです。

私は、その秘密を、先週知りました。「人と防災未来センター」は、神戸の方々が東北を深く思ってくださる秘密を、私に教えてくれました。

その秘密は「震災の現場を知っている」ということです。テレビや映画などで、地震や津波の映像を、震災後、何度か見ました。どうも、どれも「他人」がつくったものだな、という感じがしました。そしてすこし、さみしく思いました。私たちが「あの日」感じた「あの現場」は、他人には分からないのだろうな、という寂しさです。あの現場には、いのちの危機がありました。喪われていくいのちがそこにあるのに、何もできない、という無力がありました。いのちのかけがえのなさを知らされ、そして自分たちの無力を思い知らされる私たちがいました。でも、その私たちの現場は、言葉で説明できるものではないように思いました。今でも、上手にそれを表現することができません。

神戸のセンターは、本当に感動的なものでした。「あの現場」にいた人がこれを作ったのだ、と、展示される資料や震災の再現映像を見て、はっきり感じることができました。私たちは、孤立していない。同じ痛みを覚え、そしてそれを乗り越えようとて今日にいたった人がいる。そのことを、深く感じました。私は、涙があふれてきました。胸がいっぱいになりました。

そのあと、はっと思いました。1995年、阪神淡路大震災が起こり、神戸の人々が「この現場」にいた、あの時、私は何をしていたんだろう。私は、大学生として、お金がなくて、アルバイトばかりしていました。「お金がないから募金できない」「お金がないからボランティアに行けない」と、そう言い訳ばかりしていました。よっぽど、心苦しかったのでしょう。「ボランティアも、募金も、お金のある人のやることだ」と、ひどいことを口にしていたように記憶しています。恥ずかしいことです。まったく、申し訳ないことです。

助け合う、ということ。それは、子どもの時に大人から教わる大切なことです。私も、それを教わったはずです。でも、そうできない自分がいた。そうした私に、助け合うということを教えてくれた人々が、神戸にいた。そのありがたさを思います。

そして今度は、私が誰かに「助け合う」ということの意味を知らせなければならない。そう思います。

神戸の人々は、今でも私たちに大切なことを教えてくれています。たとえば、被災後の日常をどう生きればいいのか。生きるためには、最低限のお金が要ります。でも、激変した生活環境の中で、生活が回らなくなる人が出てきます。その時、どうすればいいのか。

昨日、私は、南三陸町に行っていました。ある会議をするために、です。全国から募金を募り、20万円ずつに分けて、地域の世話役の人と仙台その他の牧師やソーシャルワーカーと一緒にそのお金を管理する。地域の世話役の人は、本当に生活に困っている人のために、その募金を丁寧に使う。そうしてその世話役の人と困っている人が一緒に生きてゆく。いつか困っている人も、少しずつ募金をして、また別の人を助ける側に回る。そのために、世話役の人と仙台などの牧師たちが一緒に考え、はなしあい、工夫を凝らす……そんな仕組みが、動き始めたのです。「**扶助基金**」という名前です。全国から（神戸からも！）たくさんの募金が集まり、今、宮城と福島の三つの地域で、各地の世話役の人がそれぞれ工夫を始め、生活困窮者を助け始めています。この仕組みを作るきっかけは、神戸にありました。「しみん基金KOBE」という働きが、阪神淡路大震災の被災者支援のために設立され、今でも続いているのです。その働きに学び、同じ機能を東北らしい仕方でできないかと思って話し合い、組み立てたのが、「**扶助基金**」だったのです。昨日私はその会議のために、南三陸町に行ってきたのでした。

今日の聖書の言葉は、印象的なものです。「互いに大切にし合うこと以外、だれに対しても、何の借りもあってはなりません。」互いに大切にすること、誰かのために「大盤振る舞い」をしてしまうこと、そういうことを、聖書は「アガペー」といいます。それを日本語では「愛」と訳しています。けれどそれは充分な訳ではありません。「大切にし合う」というのが「アガペー」の意味です。大切にされるとき、助けてもらうとき、私たちは「借り」を作ります。申し訳ない、という思いになる。でも、

それでいいのだと、今日の聖書の個所は語ります。助けてもらうことで、人間は完成する。助けてもらうことで、人は学び、誰かを助けることができるように整えられます。確かにそうなのだろうと思います。

共に生きる、ということを考えながら、今日の聖書の個所を味わいました。みなさん、神さまに愛されて、お父さんお母さんに大切にされて、先生方に心配りをいただいて、今日を生きましょう。そのことに、生かされていきましょう。そして、いつか私たちが誰かを大切にし、心配りができるように、成長して行く今日といたしましょう。

（於　尚絅学院中学高等学校チャペル、２０１７年5月18日説教）

6月

キリスト教の骨格

1．キリスト教の学びかた

今回は、キリスト教の構造を分解してお話しましょう。結論から申し上げますと、キリスト教というのは、
＊「新約聖書（イエスの生き様・死にざま）」が土台となって、
＊「旧約聖書（ユダヤ教・イスラム教・キリスト教の経典）」という柱と
＊「ギリシア哲学（近代科学の基礎）」という柱がそこに建てられ、
＊その柱に無数の文化が巻き付いている、文化のかたまり

である、ということです。

キリスト教は、時代と場所に応じて、実に様々な様相を示します。ですから、キリスト教は実に魅力的ですが、反面「とっかかりがない」ように感じます。「キリスト教」というものは私たちの周りにありふれているのですが、それだから、どうもよくわからない、ということになります。それは、この「文化のかたまり」である故だ、と言えると思います。

ですから、キリスト教の学び方は、二つあると言えそうです。

一つは、この「巻き付いている文化」から接近する方法です。それは、みなさんの好みに応じて、絵画や映画、音楽や文学を通してキリスト教を学ぶことです。あるいは、宗教儀礼（ミサや礼拝や祈祷会）に参加することです。キリスト教の宗教儀礼は、各地にもともとあった文化をキリスト教が取り込み、「二つの柱」に巻き付けて提示しているものとなります。

キリスト教の強みは、ほとんどどんな文化も取り込むことができる、というしぶとさにあります。それは、文化を巻き付けていく「二本の柱」の強靭《きょうじん》さに由来するものです。そして、その柱をしっかりと支えている「土台」の堅固さによるものです。

キリスト教を学ぶもう一つの方法は、この土台と柱について学ぶ、ということです。それは「土台＝新約聖書」「柱その1＝旧約聖書」「柱その2＝ギリシア哲学」の三つを学ぶことで、キリスト教の基本を飲み込んでしまう、という方法です。これには、少しのガイドが必要です。ただ、少しのガイドを用意して、この三つを学んでしまうと、キリスト教の文化を学ぶのは、とても簡単になります。

2.「古代」とは何か

キリスト教の土台と柱を学ぶために、最初に必要なガイドは、「古代」という言葉に隠されています。この言葉の意味が分かりますと、学ぶための敷居が、ぐっと、低くなります。

「今」という時代を、「現代」と言います。この「現代」とは、いつまでの時代を指すのか。資料を使って歴史をさかのぼると、だんだん、私たちの常識が通じなくなってきます。だいたい2000年ほどさかのぼると、どの地域でも、もう、現代の常識が通じなくなる。そうなった時代を、「古代」と呼びます。そしてその途中を「中世」と呼ぶのです。

大事なことは、「古代の常識は現代の非常識」ということを理解することです。「新約聖書」「ギリシア哲学」「旧約聖書」は「古代」に作られたもの、ということをまず飲み込んでしまう、ということが肝要です。つまり、私たちの常識が通じない世界で、これらは書かれた、ということです。そのことを理解することが、まず最初の一歩になります。

続いて少しだけ、歴史を学ばなければなりません。「新約聖書」「ギリシア哲学」「旧約聖書」の背景です。すると、世界戦争と敗残、追放と流浪、政治的陰謀と権力者の無責任、といった事柄が、その背景として、見えてきます。すると、「これだけ常識が通じない世界でも、現場では、こうして同じ人間のまごころが駆動する！」という事実に、私たちは驚かされることになるのです。そこに、古代の書物が「古典」として読み継がれている秘密が隠されています。最後に、そのことをもう少し、丁寧にお話してみようと思います。

3．「古典」とは何か

「古典」と私たちが呼びならわしているものは、「classicus」というラテン語の翻訳（漢字への置き換え）です。「classicus」というラテン語は、もともと、「classis」という言葉に由来します。「classis」とは、「艦隊《かんたい》」を意味します。そして、「classicus」とはもともと、「艦隊寄贈者」を意味していました。

「古典＝classicus＝艦隊寄贈者」。意味が見えますでしょうか。説明いたします。

ラテン語は、古代ローマ人の言葉でした。古代ローマ人とは、イタリア半島の平野部に小さく都市国家を作っていた人々です。目の前に広がる地中海の向こう側には、大帝国カルタゴがありました。カルタゴはアフリカの大帝国で、強大な陸軍を持っていた。それに対抗するローマにとっては、どうしても、「艦隊」こそが命綱となります。ローマの政府は人々から（強制的に）徴税し、防衛のための艦隊を編成する。

そして時々、その艦隊は致命的な敗北を喫する。その時、政府と対立関係にあるはずの商人たちが、「滅亡してしまうよりは」ということで、自前の船を艦隊として供出します。そうして外敵を撃退できた時、その商人たちは「艦隊寄贈者＝classicus」として称えられることになります。「危機の時の意外な助け手」という称号として、「classicus」があったのです。

時代が下り、ローマが戦争に勝ち抜いて、ついに地中海を支配する大帝国となり、強力な陸軍を編成できるようになると、「classicus」の意味に変化が起こります。もう、艦隊に頼ってもどうしようもない、そんな難しい課題がローマの支配者を悩ませ始めます。広大な地域を支配し管理するために、どうしたらよいのか、という課題です。その悩みに意外なところから答えが出てきます。当時「マケドニア」と呼ばれていたギリシアを、ローマは実にあっさりと占領していましたが、その地域にあった「哲学」に、広大な地域を支配する知恵が隠されていました。「こんな古い・堅苦しい・つまらなそうなもの」が、意外なことに、本当に役立った。それで、「哲学」をはじめとする古い書物が「危機の時の意外な助け手＝classicus」と呼ばれるようになった、ということなのです。

私たちは、この講義の中で、聖書を「classicus＝古典＝危機の時の意外な助け手」として読んでみようと思います。特に次回からは、聖書の旧約聖書の冒頭を、日本のＹＭＣＡが新しい言葉として使い始めた「ポジティブネット」という言葉と突き合わせながら、読んでみようと思います。

（仙台ＹＭＣＡ講義「キリスト教理解」）

解放の訪れ

31 それで彼を信じるにいたったユダヤ人にイエスが言った、「もしあなた達が私の
言葉に留まるならば、あなた達は真に私の弟子である。32 そして真理を認識し、そ
して真理があなた達を自由にしてくれるであろう」。33 彼らはイエスに答えた、「我々
はアブラハムの子孫である。そして、かつていかなる者に対しても隷属したことは
ない。どうしてあなたは、我々が自由になれるだろうなどとおっしゃるのか」。34 彼
らにイエスが答えた、「アーメン、アーメン、汝らに告ぐ。罪をなすものはすべて罪
の奴隷である。……」。

（ヨハネ福音書8・31〜33：田川訳）

今日は「解放の訪れ」という言葉をテーマにして、聖書を読んでみたいと思います。

今ここに、ヨハネによる福音書が開かれています。そこに、「真理があなた達を自由にする」という言葉があります。これは、とても有名な聖書の言葉になっています。ここに「自由」と書いてあります。英語であれば liberty という言葉になります。この英語を少しいじると、liberation となります。それは「解放」と訳されています。つまり、「自由」とは「解放」という言葉とつながっています。「解放」というのは「自由にすること」を意味しています。

では、「自由」とは何でしょうか。

英語で liberty という言葉は、もともと、古代ローマの言葉・ラテン語でした。ラテン語で liber という言葉がありまして、それが英語風に訛って liberty となっています。この元の言葉 liber は、「書物」という意味の言葉でした。だから、図書館のことを英語で library といいます。

皆さんの頭で、言葉がつながってくるでしょうか。今日は「解放の訪れ」をテーマに聖書を読んでいます。「解放」というのは、「自由にすること」で、「自由」という言葉は、もともと「書物」という言葉からきている、ということを、今、確認したのでした。

書物は、私たちを自由にするのでしょうか。確かに、そうかもしれません。私たちは、本を読むことで、無知から解放されます。あるいは、偏見を正されます。思い込みをやめることができます。本を読むことは、私たちを自由にします。

でも、今日の聖書の言葉は、ちょっと違うことを言っています。「本を読むこと」ではなくて「真理が、あなた達を自由してくれる」というのです。

今日の聖書の箇所は、イエスとそのライバルの人たちとの激論のシーンを描いています。イエスが、言うのです。「真理があなた達を自由してくれる。」すると、ライバルは答えます。「私たちは、書物をよく読んでいる。私たちは、もうすでに自由だ」と。

ある研究結果があります。もう30年も昔の心理学者の研究です。数百人の人を選んで、世界の大きな出来事について予想させて、10年ほどたってからその結果を確認してみる、という実験をしたのだそうです。今風にたとえていえば、「北朝鮮はこれからどうなるか」「トランプ大統領はこれからどうなるか」といった感じの質問を、30年前にしてみたのです。そして10年あるいは20年たってからその結果を見てみた。すると、面白いことが分かったそうです。まず、専門家の予測は、シロウトのあてずっぽうな予想よりも、的中率が低かった、というのです。そして、専門家が「絶対に起こらない」と予測した出来事のうち、15パーセントは、実際に起こったそうです。そして、特別な専門家として何かに詳しい人や経験が豊かな人ほど、予想は当たらなくなりがちだったというのです。そしてさらに、困ったことなのですが、どんなに予想が外れても、専門家という人たちは間違いを認めず、一所懸命に言葉を連ねて自分の予測が間違っていなかったと言い張った、そうです。

本を読み、研究しただけでは、どうやら、人は自由になれないのかもしれません。それだけでは、どうも、足りない。

「真理があなた達を自由にしてくれる」と、言います。ここに「真理」という言葉が出てきます。これはギリシア語でアレテイアという言葉です。この言葉には二つの意味があります。一つは、「隠されていた神秘に出会う」という意味。もう一つは、

「知らない世界にさまよい出る」という意味です。

本を読むと、私たちは賢くなります。あるいは、ネットを見ると、私たちは知識を得ます。その瞬間、私たちは無知から解放されます。でも、それは他方で、私たちを知識の中に閉じ込めることにもなります。「自分は知っている」と思う人は、それ以上学ぶことをしません。「このことはもう大丈夫だ」と思う人は、それ以上探求しない。その時、「自分は無知だ」ということを忘れてしまう。

実は、初めて何かを学ぶとき、人は自分の無知を知るのです。人はすべて、どこまで行っても、無知を抱えているものです。それで、「自分は無知だった、と、知らなかった！」という驚きが、私たちを自由にするのです。しかし、「そのことを知ってしまった」と思うと、私たちはまた、自分が無知であることを忘れてしまう。そうすると、また私たちは、不自由になります。知ったつもりになって、何も知らない、ということになります。

旧約聖書に、「ヨブ記」という、長い物語があります。「ヨブ記」という物語は、まさに、「人間は何も知らない」ということを深く深く掘り下げた物語になっています。実際の生活の出来事の中で、友との語り合い、あるいは喧嘩の中で、人は「自分が何も知らない」ということを知らされます。そうして、きっと人は、自由になります。

真理という言葉は、もともとアレテイアと言いました。繰り返しますが、その意味は「隠されていた神秘に出会う」ということと、「知らない世界にさまよい出る」ということです。私たちはなぜ、学校に来るのでしょう。本は図書館にたくさんあります。情報はネットの中に無限にあります。それでも、私たちは学校に来ます。それは、友と出会い、先生と出会うためです。誰かと一緒に生き、生活を共にするためです。そうすることで、私たちは真理に出会う。隠されていた自分の無知を知らされ、よくわからない不安定な人間関係の中に身を置くことになります。それはしかし、私たちを自由にすることなのだ。「真理はあなたたちを自由にする」。今日はこの言葉をぜひ覚えて、一日を過ごしていただければと思います。

（於　尚絅学院中学高等学校チャペル、２０１７年10月3日説教）

7月

「ポジティブネット」へ

「ポジティブネット」という言葉があります。その意味を、今回から考えてみたいと思います。

1．ポジティブ＝positive の意味

「ポジティブ」という言葉は、元は positive というラテン語です。もともと「とりあえず、おいてみる感じ」という意味の言葉です。堅い言葉で言えば「措定的」となります。「まずやってみる、という感じ」を言い表す言葉が positive なのです。

人は時々、positiveであることが致命的に必要となる、という場合があります。何もしないでいたら死んでしまう、絶望に落ち込む、にっちもさっちもいかなくなるという時、勇気をもって「とりあえず、やってみる」ということが必要になります。「ポジティブ」という言葉は、そういう場面で「勇気を奮って、恐れずに、とにかく積極的に打って出る」様子を言い表す言葉です。

2. 旧約聖書のエール

旧約聖書の冒頭は、まさに「ポジティブ」であることを促し励ますものとなっています。

旧約聖書の冒頭には、二つの創世神話があります。世界がどう始まったのかを物語る、という体裁の神話がそこにあります。でも、それは何か「科学的な事実」を語ろうというものではありません。そうではなく、もっと生々しく切実な必要に応えようとする物語が、そこにあるのです。

旧約聖書の背景にあるものは、何でしょうか。それは、絶望に瀕した人々の、ぎりぎりの努力です。今から2500年前のこと。メソポタミアとエジプトを繋ぐ交通の要衝に、小さくても素敵な、文化的で誇り高い国がありました。いろいろな経緯があって、この国は南北に分裂しながら、ともかく400年以上の長きにわたり、対立する大帝国の間に挟まれながら、風見鶏のように向きを変え、生き残っていました。しかしその努力もついに綻び、ちょっとした判断ミスが積み重なって、やがてこの国はメソポタミアの覇者・バビロンに滅ぼされます。バビロンは、世界征服のための邪魔だ、ということで、この小国を消滅させることにします。その小国の支配層はすべて、バビロニアその他の帝国大都市へと強制移住となります。数十年もすれば、その子どもたちはすべて「バビロニア人」となる。そうして、この小国は消え去ります。

旧約聖書冒頭は、そういう絶望の危機に瀕《ひん》する中で作られます。消滅の運命が迫る中、先祖から受け継いだ物語を掘り起こし、バビロンの最新文明と混ぜ合わせ、物語を整えます。その物語に、絶望に抗する言葉を練りこんだのです。

その冒頭は、こうです。「はじめに神が、天と地を創造した。」すべてはここから始まる。これから始まる！　と宣言してから、物語は現実を描写します。文明の輝きに満ちた大都市を眺めても、結局「地は茫漠として形なく」見える。「闇」がある。その闇が、自分たちを滅ぼした文明の力の源泉である大河チグリス・ユーフラテスの「深淵のおもてを覆っている」。自分たちを助けるはずの神は、その「水の上をふわふわとたゆたう」ばかりに見える。でも、そこに言葉が響く。「光あれ！」すると、光が生まれる。光は、時間を生み出す。止まっていた時間が動き出す。何かをやってみる、ということが始まる。それは、とても「良いこと」だ！　と、神は宣言します。

次に神は、空間を作り出します。でもその時、神はその空間を見て「良い」とも「悪い」とも言わない。ただ、その空間に、時間が満ちてゆく。言葉が交わされ、新しい何かが生まれ、命がはぐくまれます。そのたびごとに、「良いこと」だとの宣言が響く。言葉は時間を生み出し、時間は常に「良い」ものであり、「良いとも悪いともつかない」目の前の空間は、その時間の流れが満ちるにつれて、次第に「良い」もので満たされます。絶望するな。声を上げ、何かを始めよう。Positive に進め！――これが、旧約聖書の冒頭の物語なのです。それは、ポジティブであることへのエールだったのです。

（仙台ＹＭＣＡ講義「キリスト教理解」）

義とされる神

[8]お前の父《とと》さまは、願う前から、お前さんたちには何が入り用かということなど、ようようわかっておいでだ。[9]だから、このように申し上げろ。

天においでの父さま、
その尊《たっと》さに人みなが心から手を合わせますように。

（マタイの伝えた《よきたより》6・8―9：山浦訳）

今日は「義とされる神さま」ということを、ご一緒に考えてみたいと思います。
2006年に、米国のギャラップという国際的な調査会社が、若者の人生観について、国際的な調査を行いました。とても興味深い結論が出ました。

この調査の質問の一つは、こうでした。「自分がなぜ存在しているかわからない、と思いますか?」この質問を、米国と日本で10代の若者にしてみた、というのです。すると、はっきりとした違いが出たそうです。「自分がなぜ存在しているかわからない、と思う」と答えたのは、米国の若者全体の「たった22パーセント」だったというのです。それに対して、日本の若者の「85パーセント」が「自分がなぜ存在しているか、わからない」と答えた、というのです。皆さんは、どうでしょうか。

この調査では、同じような質問を、反対の言葉でも、しています。つまり、「自分がこの地球上に存在していることには、意味がある、と思うか?」という質問です。米国の若者全体の「76パーセント」が、「自分はこの地球上に存在していることに、意味がある」と答えたそうです。でも、日本では、若者全体の「たった13パーセント」しか、「自分はこの地球上に存在していることに、意味がある」と、答えなかったというのです。

同じ時代を生き、同じインターネットのシステムを利用している、日米の若者に、全く違う様子が見て取れます。米国の若者の大多数は「自分がなぜ存在しているか、わかっている」上で、「自分はこの地球上に存在していることに、意味がある」と考えている。日本の若者の大多数は、「自分がなぜ存在しているか、わからない」上で、「自分がこの地球上に存在していることに、意味がない、かもしれない」と思っている、ということなのです。これは、10年前の調査です。先週の金曜日、ラジオで、最近の調査の報告がありました。ほぼ、同じ傾向だったことが報告されていました。

自分が、今、本当に、ここにいていいのだろうか。そういう不安の中を、もしかしたら、皆さんは、生きているのかもしれない。いや、若い人だけではなく、すべての日本人が、そういう不安に、いつも付きまとわれているのかもしれません。だから、でしょう。最近の日本人の傾向として、判断をする際に「損得勘定《そんとくかんじょう》」ばかりを議論する、ということが問題となっています。自分にとって得になるか、どうか。損にならないのか、どうか。それを、あらゆる選択の際に、まず考えます。数字を計算し、確率を計算し、人気を博するかどうかを、考えます。それ以外は、あまり考えない。数字と確率と人気、ですから、いつも、それは、だれかとの比較の対象となります。自分はいつも、誰かと比較されます。そのうち、気づいたら、「自分は、誰かと、入れ替え可能な存在だ」と思えてきます。だから、いつも頑張らなければならない。負けないようにしていないと、自分がここにいることが許されなくなります。正義とか、優しさとか、そんなことは、後回しにしなくちゃ。まず、自分が生き残らないと。甘えちゃいけない。自己責任なのだから……。

私たちの生きている社会は、なんだかとっても、息苦しいものになってしまったように思います。

先週、私は、ある津波被災地に行きました。そこでは、教会が「子ども食堂」をしていました。毎週、教会を地域の子どもたちに開放し、そこで、子供たちと一緒にご飯を食べます。そこには、たくさんの子供たちが集まっていました。その多くは、「家でご飯を食べさせてもらえない子どもたち」だ、と、その教会の牧師さんが言いました。その子どもたちとすこしお話をして、私はとても、暗く悲しい思いを持ちました。子どもたちは、挨拶ができない。そして、大人をじっと見て、試してきます。このおじさんは、自分によくしてくれるのだろうか、怖くないだろうか、と、試してきます。そして、「怖くない」と思ったら、甘えてきます。いや、たかってきます。暴言を浴びせてみます。いじめてみます。

その子どもたちが、家で、どんな言葉をかけられ、どんな扱いを受けているのか、なんだかとってもわかる気がしました。だから、でしょう。みんな、家に帰ろうとしない。でも、遅く帰れば、ものすごい言葉で怒鳴りつけられます。あるいは、殴られているのかもしれない。だから、牧師さんはとても気を遣っていました。「ちょうどいいタイミング」で家に帰さなければ、もっとこの子どもたちは、また、とっても、傷つけられてしまう。

自分が生きていていい、と、安心できること。それを脅かされると、人間はいったいどうなってしまうのか。その子どもたちは、そのことを、体を張って教えてくれているように思います。私たちも、実は、その子どもたちと同じように、つらい社会を生きているのではないか。そう思うと、胸が苦しくなるのです。

今日の聖書の個所は、そういう時に思い出す小さな言葉です。イエスさまは、お弟子さんたちに、こう教えました。「もし、つらいなぁと思う時があったら、神さまを、親と思い、お父さん、お母さんと思って、呼びかけて祈りなさい。神さまは、あなたを大切に思っています。だから、安心しなさい。心配しないで、神さまに甘えて、神さまに文句を言って、神さまに頼りなさい。神さまを親と思って、安心しなさい。」

何もできなくていい。どんな状態でもいい。勝っても負けてもいい。あなたは、あなたでいればいい。神さまは、そのことを、本当に喜ぶ。そういうことを言いたくて、キリスト教では「義としてくださる神さま」というのです。

ぜひ、皆さん、このつらい社会を生きる皆さん、この言葉を覚えてください。神さまは、皆さんお一人お一人を、かけがえのないものとして慈しみ、大切に思って、今日、皆さんに新しい日をくださいました。そのことを確認してみんなで喜ぶのが、教会です。そして、その教会が生み出したのが、ここ、尚絅学院なのです。

今日の皆さんの一日が、神さまのぬくもりに包まれますよう、お祈りいたします。

（於　尚絅学院中学高等学校チャペル、2017年6月22日説教）

8月

「ポジティブ」の影

前回、私たちは「ポジティブ」という言葉について考えました。今回は、「ポジティブは、危ない」ということを申し上げます。だから、ネットワークが、必要だ。それが、今日の結論です。

1. 第二の創世神話：カミとゴミとヒト

聖書の前半は、旧約聖書です。旧約聖書の初めに、創世記があります。創世記の初めには、二つの「創世神話」があります。一つ目の神話を前回ご一緒に見ました。

今日は、二つ目の神話を見てみます。ここでは、ゴミ（塵）・カミ（神）- ヒト（人）という言葉を使って整理してみましょう。

創世記は、ゴミのように吹き飛ばされた人々の苦しみを背景にして作られています。自分（たち）がゴミと思えるような現実があったとき、私たちは皆、切なさを感じます。なぜ切なさを感じるかといえば、私たちがゴミではないからです。二つ目の神話は、「ヒト＝ゴミ＋カミ」と描きます。神は、言葉をもって時間を動かす。それが第一の創世神話に描かれていました。人間はまさに、時間の流れを知っています。そこに私たちは「無常」を感じ、切なくなります。ただの塵であれば感じなくて済む切なさを、私たちは痛切に感じます。そのことを、第二の創世神話は描きます。

2．孤立の危険とその解決

第一の創世神話には、リズムがありました。リズムは「よかった」という言葉で刻まれました。第二の創世神話には、「よくない」という言葉が用いられます。はっとさせる効果を持っています。第一の神話において、「時間」は「よいもの」でした。「空間」は「よいとも悪いとも言えないもの」でした。そして第二の神話において、「孤立」が「悪いもの」として明示されます。

物語はこう続きます。人は孤立していた。それは悪いことだった。だから神は、人と同じ生き物（ゴミ＋カミ）を創り出して連れてきた。でも、問題は解決しなかった。人は、連れてこられた生き物に名前を付け、レッテルを張り、仕分けをして、そうしてどうしても、孤立し続けてしまう。どうにもならないので、神は人を強制的に黙らせた（眠らせた・・・殴ったのでしょうか？）。そして、人が閉じこもっている殻（物語の中では「あばら骨」）を壊して外し、それを使ってもう一人の人を作った。人は目覚め、他人と出会う。その時、人は「自分自身」の殻を破って、他人のまなざしの中に「名づけられる存在」としての自分を見つけます。そして、「名づけるもの」の孤独が癒されます。

3. ポジティブネット

ネットワークの理論に、「ハブ&スポーク」というものがあります。中央集権的に世界をつなぐあり方を指しています。その場合、中央は常に孤立していて、周辺をいつも監視し名づけ支配する体制が作られます。いわゆる「中央集権」の体制です。そしてそれは、必ず限界にぶつかります。「ネットワーク」というのは、この限界を突破するために根本から構造を変えてしまうことを言います。どこにも中心はない。ちょうどインターネットやクラウドのシステムのように、すべてはそれぞれ中心であり、同時に周辺です。互いが互いを支えあっています。一つが崩れても、全体は決してくずれない。それが「ネットワーク」です。

「ポジティブ」であることは、「とりあえずやってみる」ということです。それは実は危険なことでもあります。「自分がやってみる」そして「周りは見ている」という体制。「やってみる」人が孤立する体制。うまくいっても、独裁的になってしまう体制。それは「よくない」。でも「ポジティブ」でないと、周囲の変化には対応できない。だから、「ポジティブ」であることへの安全装置が必要となります。その安全装置こそ、実は「ネットワーク」ということになります。「ポジティブネット」という言葉には、そんな含意が読み取れるような気がします。

（仙台ＹＭＣＡ講義「キリスト教理解」）

平和をつくりだす者

幸いだ、平和を造り出す者たち、
その彼らこそ、神の子らと呼ばれるであろう。
（マタイによる福音書5・9：岩波訳）

今日は、平和について、考えたいと思います。
平和を願って、日本で、そして世界でも、折り鶴が作られ、飾られます。折り鶴は平和への祈りの象徴となっています。それは、一人の女の子の祈りから始まったことでした。

女の子の名前は佐々木偵子さんといいます。今から62年前に、折り鶴を折りながら、広島赤十字病院で、12歳で亡くなりました。2歳の時に原爆の放射線を大量に浴びたのですが、9年間、問題なく成長し、でも10年目に突然、放射能の影響によるとみられる病気で、命を落としたのでした。原子力の暴力を、その若すぎる死は、人々に知らせました。そして、その暴力に負けないで命を燃やし尽くした12歳の女の子を忘れないために、今でも折り鶴が折られるようになった。それが「平和」を象徴する折り鶴の意味なのです。（写真 http://weknownyourdreamz.com/symbols/sadako-symbols.html）

今年（2017年）の8月5日、私は広島に参ります。1945年8月6日に原子爆弾が広島に投下されて以来、平和を脅かす原子力の恐ろしさを語り継ぐために、世界中の人が8月の広島を訪れ、多くのイベントが行われます。その一つとして、僧侶とイスラム教徒と一緒に牧師の私が登壇し、対話の集会をします。宗教者が違いを超えて平和を考える、そのために、広島にゆきます。そのイベントの告知は、まずインターネットで行われました。すると、フェイスブックにいくつかの反応がありました。その一つは、「私が信じている○○教に、皆さんがたどり着くために、このイベントを応援します」というものでした。それを見て、私は「平和」ということの難しさを思いました。

私はキリスト者ですが、世界中のすべての人がキリスト教徒になれば世界は平和になると、とても思えないのです。かつて、多くのクリスチャンが無邪気にそう思い込んだ時代がありました。そしてその結果は、世界戦争と植民地での暴力だった。そのことは、世界史を学べば、すぐにわかることです。「正義」と「平和」は、なかなか両立しないのです。

どうやって、平和を作ることができるのでしょうか。「正しい考え」を示し、「間違った考え」を正して、みんなを一つにしてしまえば、平和になるのでしょうか。「間違った考え」を持った人をやっつけて、あるいは殺して、消してしまえば、平和になるのでしょうか。そう考えるから、戦争が起こるのではないでしょうか。振り返って一つ一つの戦争を見てみますと、わかります。どの戦争も、「正義」のために「悪」を滅ぼすために行われています。原子力爆弾も、平和のために投下された——そう、アメリカ人の多くの人が、今でも信じています。福島第一原発も、地域が平和に発展するために必要だったと、被災した地域の多くの人が考えたから、建設されたものでした。「正しいこと」「正義」のためには犠牲もしょうがない、と思っている限り、平和は来ない。平和が来たとしても、どこかに暴力のしわ寄せがいく。ここに、「平和」を考える難しさがあります。

『宇宙戦争』（Herbert George Wells, he War of the Worlds. H・G・ウェルズ 中村融訳、東京創元社、2005年、他に雨沢泰訳、偕成社文庫、2005年、小田麻紀訳、角川文庫、2005年があります。）という小説があります。今から120年も昔に書かれた物語です。映画にもなっていますから、レンタルビデオで見ることができます。それは、火星人が地球に侵略してくるという物語です。この物語を、今から80年前のアメリカで、ラジオドラマにして放送したことがあります。その放送があまりにもリアルで迫力があったので、「本当に火星人が攻めてきた」と、アメリカのあちこちでパニックが起こったという逸話が残されています。

この小説が書かれたのは、今から約120年前の1898年です。その翌年、世界は平和を実現したように思えた幸いな時を迎えました。1899年に「第一回万国平和会議」が成功し、平和のための国際的なルール（ハーグ条約）が取り決められたのです。しかしその平和の背後には、暴力で支配される植民地の苦しみが隠されていました。植民地の人々を暴力で黙らせることによって、平和が作られた。その時、「火星人が攻めてくる」という小説が発表されたのです。その時作られた平和は、偽物だったと言わなければならないでしょう。

そして、その偽物の平和は20年も持ちませんでした。アメリカで今から80年前にラジオ放送でこの「宇宙戦争」を放送したとき、どうしてアメリカ人はパニックになったか。それは、世界戦争が本当に始まりそうだったからなのです。事実、そのラジオ放送が行われた翌年、第二次世界大戦が始まり、それは広島・長崎への原爆投下によってやっと終結するまで、全世界を戦争の恐怖に巻き込んだのでした。

そのあと、平和が来たのでしょうか。皆さんは、どう思いますでしょう。

広島・長崎を考えて、日本人は日本のことを「唯一の被爆国」といいます。でも、それは半分以上、嘘です。広島・長崎の後、世界中で2000回以上、原子力爆弾が爆発しています。そのすべては実験のためでした。でも、実験のために実際に爆発させるのです。南の島や砂漠で実験は行われました。だから、数えきれないほど多くの人々が、被爆した。そしてその中には、たくさんの子どももいた。広島の佐々木偵子さんのような悲劇が、ずっと、起こってきた。それが私たちの世界の歴史です。

今から120年前に書かれた小説『宇宙戦争』は、あっけない終わり方をします。強大な兵器をもって人間を殺戮しまくる火星人は、突然、全滅します。地球にいるウィルスや細菌によって、火星人は突然死をする、という物語になっています。その物語の作者は、「膨大な犠牲を払って、私たち地球人はウィルスや細菌に抵抗することができるようになっていたが、火星人は違ったのだ」と説明をしています。平和を考えるとき、このことは意味深長です。平和は、いつも、誰かの犠牲の上に、やっと成り立っていること。おそらく私たちが真剣に平和を願うのは、その現実に気付いた時なのだと思います。そして私たちは真剣に祈るのです。犠牲になってしまっている人々のためにも、なんとかして、平和をつくりださなければ。聖書には、そのためのヒントが隠されています。みんなをキリスト教徒にする、という乱暴なものではありません。そうではなくて、あなたが、わたしが、神の子キリストのように「人を大切にして生きる」ということが、平和を作る手掛かりになる、と語るのです。それが、今日の聖書の箇所なのです。

皆さんが、今日の聖書の個所を覚えて、そして折り鶴を折り、平和を祈り、愛に生きる一人一人となっていただければと願っています。平和のために、そう願っています。

（於　尚絅学院中学高等学校チャペル、２０１７年7月21日説教）

9月

エデンの園と「ネガティブ・ケイパビリティ」

1．復興論の課題

被災支援は、「レスキュー（窮迫）期」つまり避難所の段階に始まり、「復旧期」つまり仮設住宅の段階を経て、今「復興期」に至っています。様々な人生に彩られる「被災後の日常」に伴走する支援が求められています。

この「復興」段階に到達して、支援の現場では、戸惑いが起こっています。ここから先どう展開してよいかわからない。だから「復興」は行政のプランばかりが目立ち、市民の活動はひたすら撤退して行く。

私たちは、「復旧」期と「復興」期の間に大きな違いがあることに気づきました。「復旧」期までは「終わるように励む」のですが、「復興」期からは「続くように励む」のです。ですから「続くように励む」として、それが官僚的にならないためにどうすればよいか、考えなければなりません。そこにはきっと、YMCA全体の課題と共通するものがあると思います。

2. 第二の創世神話（つづき）――エデンの園と「エバ」という名

旧約聖書のはじめにある「創世記」には、二つの創世神話が掲載されています。前回に続いて、一つ目の創世神話の後半を見てみましょう。そこには、「続けるために励む」活動に必要な知恵が隠されています。

神話は、エデンの園を舞台に展開します。その中央には二本の木があります。それは「いのち」と「死」を表しています。人間がいるべき場所の説明を、この舞台を通して古代人は簡潔に記しました。それはつまり、人間は「生と死」を見つめるとき、そのいるべき場所を確保する、ということでした。富や文明を追いかけると、その「いるべき場所」から、どうしても遠ざかります。「しあわせ＝仕合せ」でいるためには、つまり「自分のいるべき場所にいる」ためには、「生と死を見つめろ」と、神話は語るのです。

神話は、「死」の中身について説明を加えます。それは「善悪を知ること」とされています。前回確認した通り、この二つ目の神話の前半で、「名づけることは、孤独を呼び込む」ということが描かれていました。そして「孤立はよくない」と語る神話は、それに加えて「名付けたものに価値判断を加えると、人は死んでしまう」と語るのです。

実際、物語は悲劇的な結末を迎えます。人は「善悪を知る」ようになります。そして人は、大切な伴侶に「エバ」という「名」をつけて、また孤立してしまう。その「エバ」という名の意味は「いのち」です。その意味は「子を産むもの」という意味です。子を産まなければ、女には価値がない――そういう常識が世界を支配したので、出産は苦しみと隣り合わせになりました、と、この物語は結論付けるのです。

そうして命は苦しみになった。死が、命を支配した。そういうことがつまり、「善悪を知る＝価値判断を加えると、人は死ぬ」ということの意味なのです。

3. 「ネガティィブ・ケイパビリティ」と「ネットワーク」

『愛し愛されて』という本があります。著者の阿部志郎先生が、生と死を見つめながら福祉の本質を語る本です。その中に「ネガティィブ・ケイパビリティ」という言葉が出てきます。「葛藤に耐える能力」のことです。創世記に引き付けるなら、「善悪の木の実を食べずにガマンするチカラ」となるでしょう。阿部先生は言うのです。「合理主義の時代」に合わせた、「エビデンス・ベースド」で「実証主義」の、「統計に基づく」ものこそ、新しい福祉観として称揚されている。しかし、それとは別に、「古い福祉観」もある。赤字でいい・赤字でこその福祉という考え方だ。「破産して崩れるなら、崩れていい」福祉事業がある。ただし、それは崩れても「やったことの意味」が残る社会事業である。そういう福祉を求める「古い福祉観」がある。それは、「簡単で手ごろな解決に走らず、わからなさ・不確実性に耐え、性急な解決には走らない力」つまり「ネガティブ・ケイパビリティー（葛藤に耐える力）」によってのみ、成り立つのだ。——そう、阿部志郎先生は言うのです。

短期的な結果に振り回されず、「善悪の木の実」を食べずに「続くために励む」。つぶれても〝続く〟ように励む。美術品の「トルソ」のように、断片が残されることで、次の何かに繋がってゆく事業。そうしたものだけが、きっと、どこまでも広がるネットワークの基盤を作り出すのだろうと思います。

私たちはここまで、「ポジティブネット」という言葉を手掛かりに、「ポジティブ」の意味と、そこに生まれる危険性に対応するための「ネットワーク」の意味を確認しました。今日私たちは、そのネットワークを広げるために必要なものとして「ネガティブ・ケイパビリティー」を学んだのでした。

（仙台ＹＭＣＡ講義「キリスト教理解」）

闇を変えて光となす

1 初めに、神は天地を創造した。
2 地は混沌、闇が原初の水の面にあり
その水の面に、神の霊が働きかけた。
3 神は言った。
「光あれ」

そして、光があった。
4 神は光を見て、良しとした。
神は光と闇を分けた。

5 神は光を昼と呼び、闇を夜と呼んだ。
夕べがあり、朝があった。一日。
（聖書：創世記1・1〜5：太田道子『言葉は光』より）

前回、私たちは「平和」についてご一緒に考えました。「折り鶴」の意味を思い出し、平和を祈ることの意味を確認しました。

それから、世界は、どうなったでしょうか。

テレビのニュースを見ていれば、はっきりよくわかります。戦争のうわさが絶えなくなりました。アメリカ合衆国と北朝鮮人民共和国という、核兵器を持っている二つの国が、互いを罵りあい、脅しあっています。あるいは今日にでも、戦争がはじまるのかもしれない。そうなったら、何千万もの人がひどい目に合う。数えきれないほどの人が、死ぬ。そういうことが、話題になっています。

こういう時、イエスさまが何と言ったか、思い出されてきます。イエスさまは、戦争のうわさが広がるような時を見据えて、こういわれました。「そうしたことは、起こるに決まっている」、だから、慌てないように、備えておきなさい。最後まであきらめずに、目の前にいる人を大切にしなさい。「最後まで耐え忍ぶものは救われる」と信じ、人にそう語りなさい。イエスさまは、そう弟子に言い残し、弟子はそれを後世に伝え、そして私たちはその言葉を聖書に読むことができます。

今、このような時だからこそ、私たちは聖書を読むべきだと思います。今日、私たちの前には、聖書の最初の部分が開かれています。聖書は、その一番最初の場所から、平和を求める人々の熱い思いを表しているのです。

今から約3000年前、日本のちょうど真裏のあたりに、小さな細長い国が生まれました。その国が生まれた場所は、最初から大変なところでした。南に行くと、巨大帝国エジプトがありました。北に行くと、いくつもの大帝国が現れては消える戦乱のメソポタミア地域がありました。この二つの大文明に挟まれた、二つの地域の通路のような場所に、小さな国が生まれた。その国の名前をイスラエルと言いました。

この小さな国は、北を見たり、南を見たりして、必死に生き残ります。途中、南北に分裂してしまうのですが、それでも生き残り、４００年以上の歴史を守ります。しかし、その歴史も終わりが来る。北と南にある巨大帝国が、世界統一を目指して戦争を始めてしまったのです。二つの帝国に挟まれたこの小さな国は、まさにこの大戦争の戦場となってしまいました。そして、南北に分裂していたこの国の、まず北側が滅ぼされます。そしてそのあと、ついに南側も滅ぼされます。北の帝国についたり、南の帝国についたり、くるくると裏切りを繰り返した挙句の滅亡でした。それで、この国は信用ならない、ということで、完全に滅ぼされることになります。

この国を最終的に滅ぼしたのは、北側の帝国・バビロニアでした。魔法を使った、という言い伝えがあります。ものすごい先端技術をもって、一気に世界を征服しようとしていました。その帝国が、南のエジプト帝国に戦争をしかけ、その邪魔になるということで、途中にあったこの小さな国を滅ぼしたのです。そして、その国に住んでいる人々を、帝国の首都などへ、強制的に移住させます。そうしたら、その人たちの子どもたちは、バビロン人になります。数十年もすれば、その国は、完全に消え去ります。歴史も文化も言葉も考え方も、すべて、消え去ります。そうして、世界はすべて、バビロン一色になります。

　とても恐ろしいことです。でも、戦争というのは、そういう恐ろしいことを平気で行うものです。あなたがあなたでいられなくなります。あなたを抹消します。あなたにつながるすべてを、消し去ります。そういうことを、戦争はもたらす。

　まさにそういう危機に陥った時、敗残の中に打ちひしがれるイスラエルの人々の中から、今日の聖書の言葉が沸き上がってきました。絶望に抵抗しよう、という人々が立ち上がり、この言葉を残したのです。

　大帝国の都合で、ごみのように吹き飛ばされた、自分たち。その自分たちには、絶望しかないのか。いいや、まだ希望があるはずだ。絶望さえしなければ、言葉を生み出せる。言葉を生み出せれば、自分たちは消えない。世界は、完全に終わってしまったように見えます。闇がすべてを覆っているように見えます。自分たちを滅ぼした大文明の輝きが、自分たちにとっては意味の分からない恐るべきものとして目の前に広がっています。すべてはなくなった。神さまも、頼りにならない。なんという恐ろしい世界だ。

今日の聖書の個所の冒頭は、そういう光景を短い言葉で言い表しています。「地は混沌、闇が原初の水の面にあり」。しかし、そこにはすでに、不思議な力が働きかけを始めている、と、物語はその展開を急ぐのです。。私たちの知らないうちに、私たちを立たせる力が、その闇と混沌に力を及ぼしている！「地は混沌、闇が原初の水の面にあり　その水の面に、神の霊が働きかけた。」

そしてその時、一つの言葉が発せられます。「光あれ！」すると、光があった。闇が世界を覆っているとき、時間は動かなかった。いつまでもこのままだ、と、そう思えて、しょうがなかった。どうせ自分たちは無意味だと、そう感じるようなことが、私たちの人生には起こるものです。例えば戦争に巻き込まれたとき。あるいはもっと身近に、いじめにあったとき。友達に裏切られたとき。夢破れて挫折してしまったとき。そういう時、世界はとてつもなく暗く思えます。時は止まってしまったように思えます。なにも頼りにならないと感じられます。そういうことを知っているから、私たちは、戦争のうわさを聞くと、おびえます。

でも、聖書はその冒頭で、語るのです。おびえるのも無理はない。でも、おびえる必要はないのだ、と。必ず、声が聞こえる。「光あれ」という声が、聞こえるのだ。闇を切り裂く声は、必ずあなたに届く。その時、時は動き出す。絶望に閉ざされた世界には希望の亀裂が走り、夜はいつか明け、闇はいつか去る。まさに、昨日の夜が、今朝はもう、跡形もなくなったように——そう、聖書は語るのです。

よく考えてみれば、私たちは、毎朝、新しい命を受けて目覚めるのです。昨日の夜、あんなに疲れてしまっていた。この疲れが消え去るなんて、誰も約束してくれなかった。確かに昨日の夜、世界は闇に包まれていた。でも、今朝、私たちはこうして目を覚まし、朝を迎え、体力が戻っていることを感じています。ここには、重大な秘密、絶望をこじ開ける希望の鍵があります。私たちには、死をも乗り越える何かがあります。その可能性は、消えていない。戦争のうわさは私たちを怯えさせます。でも、私たちは今日、新しく生み出された命に生きています。死をも乗り越える何かが、確かにこの世界にはあるかもしれない。

今日の聖書の個所は、そういうことを語る、短くとも力強い物語なのでした。

（於　尚絅学院中学高等学校チャペル、2017年9月13日説教）

10月

失楽園と「ポジティブネット」

ここまで、「ポジティブネット」という言葉を分析しながら、キリスト教についてのお話をしてまいりました。振り返ってみます。まず「ポジティブ」という言葉には、もともと「措定」ということが含意されています。「とりあえずやってみる」ということです。その勇気には、いつも影が差します。孤立した中で「ポジティブ」になると、傍若無人にもなりかねない。だから、「ネットワーク」が必要です。その「ネットワーク」を支えるものは、「ネガティブ・ケイパビリティ（価値判断の留保）」あるいは「トルソ（断片）」という言葉に凝縮されています。それは、「みんなのいのちを大切にする」というYMCAの目標にも、直結しているように思います。

「ポジティブネット」を考えながら、私たちは「旧約聖書」の冒頭の神話を読んできました。その神話から生まれた古典に、ミルトンの「失楽園」があります。それは実は、「ポジティブネット」を具現化したような作品でした。

ミルトンの「失楽園」の背景には、宗教改革がありました。

宗教改革は近現代（modern＝ある一つのモードの時代）の起点だということで、学校でも必ず学ぶようになっています。今から約千年前の西欧に、話はさかのぼります。ローマ帝国の崩壊後、西欧には戦乱と暴力が満ちていました。その中で教会が福祉を一手に担いました。当時「いつでもどこでも」ということを「カトリック」と言いました。ちょうど「コンビニエンスストア」のように、教会が社会を支えた。その教会は、いつしか「カトリック教会」と呼ばれるようになりました。その教会も、500年ほどの時間の流れの中で、カネと保身にまみれ、腐敗しました。それを「分割民営化」し「競争原理」を入れて立て直していったのが、宗教改革でした。そのスタートは、今からちょうど、500年前のことでした。その運動は、激しい宗教戦争をもたらしながら、百年以上にわたり展開しました。その最後の方で激しく動いたのが、英国でした。「清教徒革命」（ピューリタン革命 1641~1649）の嵐が吹き荒れ、独裁者クロムウェルが共和制国家を樹立し、アイルランドを植民地支配して行きます。古いものへの激しい憎悪と破壊が徹底されました。それは結局、反動を呼びます。クロムウェル亡き後、英国は急激に元に戻り「王政復古」に至ります。それはまさに、「ポジティブの影」を絵にかいたような出来事でした。

このクロムウェル共和政府の中で外交官として活躍したのが、ミルトンでした。王政復古の流れの中で、彼は投獄され、失明します。その暗黒の中で、『失楽園』は口述筆記され、現代に残る古典となりました。

ミルトンの「失楽園」は、「ポジティブネット」の見本のような物語となりました。神が世界を創造する前、まず天使が神に創られます。天使の中でひとり、神に反逆するものが現れる。その名をサタンと言いました。サタンは神に逆らう諸勢力を糾《きゅう》合《ごう》し、神の天使軍団と大戦争をして敗れ、地獄に落とされます。しかしサタンは英雄的に立ち上がり、ひとり地獄を脱出し、神の急所を狙います。神の急所とは「人間」でした。神の栄光の冠として創られた人間を堕落させることは、神への会心の一撃となる。ミルトンはサタンを英雄として描くのです。艱難辛苦《かんなんしんく》を乗り越え、サタンはエデンに到着します。その美しさに圧倒され、それを破壊することの恐ろしさに震えながら、しかしサタンの中にある「地獄」がサタンを駆り立てます。そしてエバが誘惑され、アダムは楽園を追われることになります。

その最後、大天使ミカエルとアダムが対話をして物語は終わります。アダムは夢を見たと、ミカエルに語ります。いつか救世主が生まれ、自分たちはまた楽園に帰る夢であったと。ミカエルは言います。その夢に示された希望を胸に、楽園を出なさい。その希望の先には、愛がある。その愛のある場所こそ、本物の楽園だから、顔を上げて、希望を胸に抱いて行きなさい、と。その対話の後、アダムはエバと対話します。あなたはここに残るか。そう聞かれたエバは、「あなたと一緒にいられるなら、そここそ私の楽園」と答えます。希望と愛によって、ポジティブの影は輝きへと転換します。ミルトンは問うのです。「善悪の木を食べる、とりあえずやってみるというポジティブな冒険は、愛の絆に守られて、たとえそれが失敗に終わったとしても、なお意味あるものへと展開するのではないか?」と。ここに私は、「ポジティブネット」の典型を見るように思うのです。

（仙台ＹＭＣＡ講義「キリスト教理解」）

宗教改革記念日に

26 「そういうわけだからな、あの連中などにビクビクするな。今は蓋《ふた》をされているものも、やがてはその蓋を開けていただける。今はわからないでいることも、その内はっきりわかるようにしていただけるのだ。

27 暗闇の中で俺がお前たちに言うことを、明るいところで言い立てろ。こっそり耳打ちされたことを屋根の上から叫びたてろ。

28 体を殺しても魂までは殺せない者どもなどをただ怖《こわ》がっているのはやめておけ。それよりも、魂でも体でもヒンノム谷にある焼き場の火で滅ぼすことのできるお方《かた》を恐れ畏《かしこ》んでいろ。

29 雀《すずめ》二羽一文銭で売られているではないか。だが、その内の一羽でさえ、天の父《とと》さまのお許しがなければ、[空から]落ちることはないのだ。
30 お前たちのことなら何だって、頭の髪の数までも、神さまはすっかり御存知でいなさる。
31 だから、そんなふうにびくついているのはやめろ。モチャモチャと群れているあの雀どもよりお前たちははるかに勝《まさ》ったものなんだ。」

（マタイの伝えた《よきたより》10・26～31：山浦訳）

今日は、宗教改革記念日です。日本ではほとんど知られていませんが、ドイツをはじめとするヨーロッパでは、大変にぎやかなお祭りになっているようです。今日は、そのお話をします。

今からちょうど５００年前の１５１７年10月31日のことです。ドイツはヴィッテンベルクという町は、毎年10月31日には大賑わいとなっていました。現在のハロウィンに相当するお祭りが、ヨーロッパでにぎやかに開かれていたのです。お化けのお祭り、ということで、「悪魔の羽根」とか「ドラゴンの爪」とか、いかがわしい、本当かどうかよくわからない不思議な品物がお城の前に並べられ、その周りには縁日が立ち並び、各地からそれを見に来る人々がいた。そういうにぎわいの中に、一つの事件が起こりました。事件を起こしたのは、マルティン・ルターという人でした。

当時のヨーロッパは、小さい国がバラバラに乱立している状態でした。ですから、旅をしたり、引越しをすると、とても大変でした。隣の県、たとえば福島県に行くのにパスポートがいる、としたら、どんなに大変でしょうか。隣の県でけがをしても、保険が使えない。隣の県で泥棒にあっても、警察は助けてくれない。そんな感じだったのが、当時のヨーロッパでした。それでは大変だ、ということで、どの町に行っても同じ生活ができるようにサービスを整えたのが、教会でした。どの国にいても、教会に行けば、同じサービスを受けられる、それはちょうどコンビニのような感じでした。

先週私はミャンマーにいましたが、その空港には、ファミリーマートがありました。何となくほっとしました。そんな感じで、どこに行っても教会がありました。「どこに行っても、同じ便利さを提供するお店」という意味で、「コンビニエンス・ストア」と申します。同じように、「いつでもどこでも」という意味のラテン語が「カトリック」

と言いまして、コンビニのように便利に使えたのが「カトリック教会」だったのです。

さて、皆さん考えてください。もし、コンビニが一社しかなかったら、どうなるでしょう。全部がセブンイレブンだったり、ファミマだったりしたら。最初は便利でいいでしょうけれど、いつか、悪い社長さんが会社を牛耳ってしまって、勝手をするようになったら、困るでしょうね。商品は悪くなり、値段が上がり、店員の態度も横柄になります。それでも、別の選択肢がないので、人々は我慢するほかないライバル店があれば、もちろん、そういうことにはなりません。でも、独占していたら、どうしても、腐敗してしまうでしょう。

今から500年前のヨーロッパも、同じようなことになっていました。教会が、ヨーロッパ全域の福祉サービスを一元化して提供していたので、便利でしたが、数百年たつうちに、教会も腐敗し始めました。教会だから、簡単には腐敗しませんでしたが、やっぱり、数百年すると、おかしくなった。お金のスキャンダルが横行しました。そして、嘘とごまかしがあちこちでまかり通るようになりました。弱い人はいつも、損を押し付けられました。でも、それを止める手段がありませんでした。「みんなが我慢しているんだから、いいんじゃないか」と、みんなが我慢しました。あるいは、「ひとりだけ正しいことを言ったって、損をするだけだ」と、みんなあきらめていました。「損か得か」を考えて、「正しいか間違っているか」を無視しました。だから、余計、世の中はいよいよ悪くなりました。それが、今から500年前のヨーロッパだったのです。

事件はそうした中で起こりました。今から500年前のドイツのヴィッテンベルクに、一枚の大きなポスターが貼り出されました。そこには95の問題提起が書かれていました。世の中にある問題の、人々があきらめて無視している、その一つ一つを書き出したのです。そして、その問題について、公開の討論会をしよう、と呼びかけたのです。そのポスターを貼り出したのは、マルティン・ルターでした。

当時の人々は、その時、一つのいやな記憶を思い出して、そのポスターを無視しようとしました。同じようなことをした人が、ちょっと前にいて、その人は結局、教会から悪魔の手先であると非難され、「火あぶり」の刑にされて呪われて死んだのです。だから、みんなそのポスターを無視しようとしました。でも、ルターはひとりで問題提起を続けます。完全にKYです。周りに気を使うより、嘘が許せない。嘘のために苦しんでいる人がいる、そのことが許せない。自分は何もできないけれど、おかしいものはおかしいと言う。そして、それを問う。それで危険になったとしても、それで殺されたとしても、真実を大切にして生きていたい。ルターはそう考えたのでした。

損得よりも、真実を求めること。たとえそれで損をしたとしても、真実に生きること。そのために、恐れないこと。人が一人ずつ、そう心を決めて生きるとき、はじめてこの世界は「少し」よくなります。みんながそれをあきらめれば、この世界は腐っていきます。私たち人類は、いつも選択を迫られます。「損得」をとるのか、「真実」をとるのか。今から500年前のルターは、「真実」を取りました。その活動は、その当時の様々な動きと絡み合い、爆発的な運動となって広がって、そして民主主義や人権が大切にされる現代社会が作りだされることになりました。

球根の中には花が秘められています。さなぎの中には命が息づいています。この腐った世界には、可能性が秘められています。それを引き出すのは、私たち一人ひとりです。損得を超えて、真実を求めること。そういう学びが、今日もこの学校で始まります。今日は宗教改革記念日です。人類の大切な一歩を覚えて、今日も良い学びを進めましょう。

（於　尚絅学院中学高等学校チャペル、２０１７年10月31日説教）

書評——あとがきにかえて

『今こそ原発の廃止を——日本のカトリック教会の問いかけ』

（カトリック中央協議会、２０１６年）

２０１１年3月11日という日は、おそらく長く忘れられることのない日となるだろう。地震と津波を契機に「原子力発電所爆発事故」が起こった。そのことが、大きな（そして不気味な）意味をこの日付に与えた

その出来事は、その大きさゆえに、未だぼんやりとしか見えてこない。現代世界に浸透する「放射能」への忌避・恐怖故に、「核兵器を持てば攻められることはない」と信じる国家がある。原子力禍とは、そのようなものであった、はずだ。しかしそれに直面した私たちは今、その事象そのものを正しく見ることができないでいる。環境省の公表データによると、放射性の「指定廃棄物」は12都県に計18万トン（２０１６

年9月30日現在）あるが、その内訳は「公表しない」で済まされている（まさのあつこ『あなたの隣の放射能汚染ゴミ』集英社新書、2017年）。事柄が深刻で大規模すぎるために、私たちはそれと向き合うことができていない。向き合わないうちに、事態は矮小化され深刻になっている、予感におびえる。どうしたらよいのか。二つの道があると思う。それは「信仰」と「対話」だ。

どこまでもあやふやに見える事象の、その「向こう側」つまり「超越」と接続すること。そうして動揺を抑え、事柄に向き合う腹を据える。それが「信仰」の道である。

同じ課題の中で踏みとどまる人々と語り合うことで新しい可能性を模索すること。そうして「信仰」がもたらしがちな固陋を退け、柔らかさを保持する。それが「対話」の道である。

2016年10月にカトリック中央協議会が発行した『今こそ原発の廃止を――日本のカトリック教会の問いかけ』（以下、本書と記す）は、この二つの道を一歩一歩と進む貴重な足跡

となっている。

「わたしの主よ、あなたはたたえられますように」というアシジの聖フランチェスコの言葉の冒頭をタイトルに用いた2015年の回勅『ラウダート・シ——ともに暮らす家を大切に』を基盤とし、その勧めに耳を傾けつつ、2011年11月8日に日本カトリック司教団が宣言した「脱原発メッセージ」を改めて受け止め、「何を学び、どうすべきか」を議論したのが、本書である。そこには現実をまっすぐ見つめる強靭さがある。それは「信仰」のもたらす成果だ。そしてその強靭さこそ、今、多くの人が潜在的に期待しているものだろうと思う。

他方で多くの人は、そうした強靭さに期待を寄せながら、恐れを感じている。「9・11」という数字で覚えられイメージされ続けている宗教の凶暴さは、今、ロヒンギャ問題を通じて改めて世界で確認されている。そうした中で、宗教者が他宗・他教派と率直に対話し協働することができるなら、それはそれだけで、平和を発信する機会ともなる。プロテスタントのみならず他宗教の動向にも学ぼうとする本書は、その実践の記録にもなっている。たとえば、2015年7月、私はイエズス会岐部ホールに招かれた。プロテスタントと正教によって構成される「世界教会協議会」の声明「核から解放された世界へ」についての報告を、「平和のための脱核部会」から求められてのことだった。私は声明についての説明に加え、「ウラン採掘」から「廃棄物処理」までの長大なラインのすべてにおいて起こる無数の被ばく被害者の国際連帯が必要であることを強調した。その成果ははっきりと、本書に確認される。

実際、原子力＝核エネルギーの問題を前にすると、気が遠くなる。私が強調した地球規模の歴史的・社会的な問題と同時に、「1兆分の1㎜」という微細な世界の物理法則への人為的介入の問題も、取り扱わなければならない。原田雅樹神父や島薗進教授の息遣いが聞こえる気がするほど、本書は専門的な事項が丁寧に説明されている。索引も参考文献表も充実している。原子力＝核エネルギーの問題を議論するための参考書としても、大変優れている。しかし本書は、対話を呼びかける「問いかけ」の書である。そこに意味がある。原発事故は、現在

進行形の課題なのだ。私たちは過去の議論を学ぶことにとどまっていられない。対話を続けなければならない。本書は「問いかけ」もって対話を求めている。それに応えてこの書評を閉じよう。

今年（2017年）、山口県の「花咲く郷 祈りの家」から、「和歌山の太田神父様からの言付《ことづ》かり資料」をいただいた。「フクシマ五年目の神学」と題した論文だった（カトリック大阪教会管区『部落差別人権活動センターたより』春号16年4月NO.43）。そこには、本書が基盤としている「ラウダート・シ」についての目の覚めるような紹介があった。人間に与えられている「大地・自然への支配権」の放棄が、そこに語られている、というのだ。早速、「ラウダート・シ」を読み直してみた。「復興」の掛け声賑やかな福島の現場で、読んでみた。

福島は、確かに今、復旧している。「困ったら、予算をとってくる」という旧来の姿に復している。「後のことは考えずに、ハチマキしめて！」頑張って中央に議員たちが乗り込む。そうした姿を「桃太郎主義」という。「桃太郎主義の復興」。それもまた、おそらく「人間の復興」を目指している。そういえば、福島県浜通り地方の貧困と過疎の村々が「桃太郎主義」で頑張った成果こそ、原発誘致だった。それもまたきっと、「人間の復興」を目指したものだったのだと思う。

本書は、その冒頭部分に「人間の復興」を掲げて議論を展開していた。そしてその結末部分に「ラウダート・シ」を掲揚する。福島の現場で、それは奇異に感じる。議論を最後まで読み終わり、もう一度最初に戻って、考える。私たちは、「人間の復興」という目標でよかったのかどうか、現場に立って、根本から問い直さなければならないのではないか。「聖書は、他の被造物のことを気にもかけない専制君主的な人間中心主義を正当化する根拠にはなりません」と、「ラウダート・シ」の68項に記されている。福島の現場が、このことのさらなる神学的考察を求めてくる。例えば「フィリピの信徒への手紙」に記されたケノーシスの歌には、「人間とはみなされていなかった」奴隷や女性たちを「尊敬する仲間」とするように求めたパウロの思いがみなぎっていたではないか。そういえば、「人間とはみなされていなかった」人々を、週に一日だけは必ず人間扱いするように、と定めた「十戒の第四戒」は、家畜も含めての「安息」を命じていたではないか！　等々……。

本書が放つ問いかけに応答する対話が、これから豊かに展開することを期待してやまない。

（2018年3月　仙台白百合女子大学カトリック研究所『紀要』）

本書に使用された聖書資料（順不同）

共同訳聖書実行委員会訳『聖書　新共同訳』（日本聖書協会、１９８７）
日本聖書協会『口語訳　聖書』（１９５５）
新改訳聖書刊行会訳『新改訳聖書』第三版（新日本聖書刊行会、２００３）
フランシスコ会聖書研究所訳注『聖書――原文校訂による口語訳』（サンパウロ、２０１１）
新約聖書翻訳委員会訳『新約聖書――マタイによる福音書』（岩波書店、２００４）
山浦玄嗣訳『ガリラヤのイエシュー――日本語訳新約聖書四福音書』（イーピックス出版、２０１１）
太田道子『言葉は光』第一巻（新教出版社、２００６）
本田哲郎訳『小さくされた人々のための福音――四福音書および使徒言行録』（新世社、２００１）
本田哲郎訳『パウロの書簡』（新世社、２００９）
田川建三訳『新約聖書　訳と註　第一巻――マタイ福音書』（作品社、２００８）
田川建三訳『新約聖書　訳と註　第五巻――ヨハネ福音書』（作品社、２０１３）
日本語の語義を追記する際には、「ブリタニカ国際大百科事典 小項目事典」を参照しました。

川上直哉（かわかみ・なおや）

1973年、北海道に牧師の息子として生まれる。神学博士（立教大学）・牧師（日本基督教団正教師）。日本基督教団仙台北三番丁教会担任教師、宮城県教誨師（日本基督教団東北教区から派遣）、宮城県宗教法人連絡協議会常任幹事（日本基督教団東北教区宮城中地区から派遣）、仙台白百合カトリック研究所客員研究員、東北キリシタン研究会会員、仙台キリスト教連合被災支援ネットワーク（NPO法人「東北ヘルプ」）事務局長、食品放射能計測プロジェクト運営委員長、世界食料デー仙台大会実行委員長。2018年4月から日本基督教団石巻栄光教会主任担任教師に就任予定。

主な著書

『日本におけるフォーサイス受容の研究：神学の現代的課題の探究』（キリスト新聞社、2012)、『食卓から考える放射能のこと』（共著・いのちのことば社、2013)、『被災者支援と教会のミニストリー』（共著・いのちのことば社、2014)。『被ばく地フクシマに立って――現場から、世界から』（ヨベル、2015)、『ポスト・フクシマの神学とフォーサイスの贖罪論』（新教出版社、2015)『東日本大震災と〈復興〉の生活記録』（共著・六花出版、2017)

YOBEL 新書 047

被災後の日常から
——歳時記で綴るメッセージ

2018 年 3 月 11 日 初版発行

著　者 —— 川上直哉

発行者 —— 安田正人

発行所 —— 株式会社ヨベル　YOBEL, Inc.

〒 113-0033 東京都文京区本郷 4-1-1　菊花ビル 5F
TEL03-3818-4851　FAX03-3818-4858
e-mail：info@yobel.co.jp

印刷 —— 中央精版印刷株式会社

配給元—日本キリスト教書販売株式会社（日キ販）
〒 162 - 0814　東京都新宿区新小川町 9 -1
振替 00130-3-60976　Tel 03-3260-5670

ISBN978-4-907486-66-2 C0216

川上直哉著

被ばく地フクシマに立って ――現場から、世界から

評者：神戸改革派神学校校長　吉田 隆《たかし》師

呻吟に寄り添いつつ、語るべき言葉を探し続ける一人の〝神学者〟のレポート！

……本書は「福島」ではなく被ばく地としての「フクシマ」に生きることから見えてくる現実が、「ヒロシマ」や「ナガサキ」そして「オキナワ」にもつながり、さらには第二次大戦後二〇世紀末までに二〇〇〇回を超える核実験によって被ばく地となった国々、とりわけ「タヒチ」の現実にもつながっていることを示す。……「フクシマ」をめぐる言説は多々あるが、その場に立ち続けて語る者は少ない。川上師は、それを自らの使命とされている。冒頭に言及した母親の話にも耳を傾け、共に祈ってこられた。「核から解放された世界」への旅は決して絶望の旅ではない。が、一歩一歩を踏み出して行かねば決して進むことはできない。我々は、本書を対話の相手として、ここからどこへ向かうべきなのか、そして何をすべきなのか、自問しつつその立ち位置を確かめたいと願うのである。

再版出来　ヨベル新書030・二七二頁・本体一〇〇〇円＋税
ISBN978-4-907486-21-1

ヨベル新書（在庫一覧：税別表示）

（『渡辺善太著作選』は割愛，記載以外は品切か在庫僅少）

003　渡辺　聡　東京バプテスト教会のダイナミズム 1

日本唯一のメガ・インターナショナル・チャーチが成長し続ける理由《わけ》　〈再版〉¥1,000　4-946565-43-4

004　山本美紀　メソディストの音楽

福音派讃美歌の源流と私たちの讃美　¥900　4-946565-64-9

007　山下萬里　死と生　教会生活と礼拝〉 ¥1,400　4-946565-73-1

010　渡辺　聡　東京バプテスト教会のダイナミズム 2

渋谷のホームレスがクリスチャンになる理由　¥1,000　4-946565-91-5

013　大和昌平　追憶と名言によるキリスト教入門 ¥900　4-946565-94-6

014　ネヴィル・タン　金本恵美子訳　7172　品切

「鉄人」と呼ばれた受刑者が神様と出会う物語　¥1,000　4-946565-59-5

015　齋藤孝志　キリストの体である教会に仕える

エフェソ書に徹して聴く　¥1,000　4-946565-97-7

017　齋藤孝志　道・真理・命　1

ヨハネによる福音書に徹して聴く（1～6章）¥1,000　4-946565-96-0

021　齋藤孝志　道・真理・命　2

ヨハネによる福音書に徹して聴く（7～12章）¥1,000　4-907486-01-3

022　宗藤尚三　核時代における人間の責任　〈再版〉

ヒロシマとアウシュビッツを心に刻むために　¥1,000　4-907486-05-1

026　齋藤孝志　道・真理・命　3

ヨハネによる福音書に徹して聴く（13～21章）¥1,000　4-907486-11-2

027　山口勝政　キリスト教とはなにか？

ヨハネ書簡に徹して聴く　¥1,000　4-907486-13-6

028　渡辺　聡　医者と薬がなくてもうつと引きこもりから生還できる理由《わけ》

東京バプテスト教会のダイナミズム 3　¥1,000　4-907486-18-1